Novellini sind kurze Geschichten aus der italienischen Renaissance, in denen blutrünstige, tragische, erotische, komische und possenhafte Ereignisse erzählt werden. Hermann Hesse hat einige der schönsten und bekanntesten von Franco Sacchetti, von Niccolò Machiavelli und Masuccio in diesem Band versammelt. In ihm findet sich auch Giovanni Fiorentinos Novelle »Der Kaufmann von Venedig«, auf der Shakespeares gleichnamige Komödie beruht.

Hermann Hesse, am 2. Juli 1877 in Calw/Württemberg als Sohn eines baltendeutschen Missionars und der Tochter eines schwäbischen Indologen geboren, 1946 ausgezeichnet mit dem Nobelpreis für Literatur, ist am 9. August 1962 in Montagnola bei Lugano gestorben.

Seine Bücher, Romane, Erzählungen, Betrachtungen, Gedichte, politischen, literatur- und kulturkritischen Schriften sind mittlerweile mit einer Gesamtauflage von 100 Millionen Exemplaren in aller Welt verbreitet und haben ihn zum meistgelesenen europäischen Autor des 20. Jahrhunderts in den USA, in Japan und Korea gemacht.

insel taschenbuch 4144

Novellino

NOVELLINO
ITALIENISCHE GESCHICHTEN

AUSGEWÄHLT VON HERMANN HESSE

Insel Verlag

Die Erstausgabe erschien 1922 im Verlag Seldwyla, Bern
Umschlagabbildungen: George Clarkson, Lago d'Iseo, Italien

Erste Auflage 2012
insel taschenbuch 4144
Insel Verlag Berlin 2012

Vertrieb durch den Suhrkamp Taschenbuch Verlag
Umschlag: bürosüd, München
Satz: Hümmer GmbH, Waldbüttelbrunn
Druck: CPI – Ebner & Spiegel, Ulm
Printed in Germany
ISBN 978-3-458-35844-2

NOVELLINO

VON EINEM GRIECHISCHEN WEISEN, DER GEFANGEN WAR

(Aus den »Hundert alten Novellen«)

Um 1300

In Griechenland war ein Herr, welcher Königskrone trug und hatte ein großes Königreich. Er war geheißen Philipp und hielt wegen irgend eines Vergehens einen griechischen Weisen im Gefängnis. Dieser besaß so große Wissenschaft, daß sein Verstand bis über die Sterne reichte. Es begab sich eines Tages, daß dem Herrn aus Spanien ein edles Schlachtroß geschenkt ward von großer Stärke und schönem Ansehen. Da verlangte der Herr nach seinem Marschalk, um die Güte des Rosses zu erfahren; es ward ihm aber gesagt, er habe in seinem Gefängnis den unübertrefflichen Meister, der in alle Dinge Einsicht habe. Er ließ das Roß auf das Feld führen und den Griechen aus dem Gefängnis holen und sprach zu ihm: »Meister, beschaue dieses Roß, denn es ist mir gemeldet worden, daß du dich sehr darauf verstehst.«

Der Grieche beschaute das Roß und sprach: »Gnädiger Herr, das Pferd sieht zwar gut aus, aber ich sage Euch so viel, daß das Pferd mit Eselsmilch aufgezogen ist.«

Der König schickte nach Spanien, um zu erfahren, wie es aufgezogen worden sei, und sie fanden, daß die Stute gestorben war und das Fohlen mit Eselsmilch hatte aufgezogen werden müssen. Der König verwunderte sich darob sehr und verordnete, daß man ihm täglich auf Kosten des Hofes ein halbes Brot reiche. Eines Tages begab es sich, daß der König seine Edelsteine sammelte; er sandte nach jenem griechischen Gefangenen und sprach: »Meister, du hast große Wissenschaft und ich glaube, du verstehst dich auf alle Dinge. Sage mir, wenn du dich auf die Steine verstehst, welchen hältst du für den wertvollsten?«

Der Grieche beschaute sie und sprach: »Gnädiger Herr, welchen habt denn Ihr am liebsten?«

Der König nahm einen sehr schönen Stein aus den andern hervor und sagte: »Meister, dieser scheint mir der schönste und wertvollste.«

Der Grieche nahm ihn, schloß ihn in seine Faust, drückte ihn fest, hielt ihn alsdann an die Ohren und sagte darauf: »Gnädiger Herr, hier ist ein Wurm.«

Der König schickte nach Meistern, ließ den Stein in Stücke brechen und sie fanden darin wirklich einen Wurm. Da lobte er den Griechen wegen seines wunderbaren Geistes und setzte fest, daß ihm des Tages ein ganzes Brot gegeben werde auf Kosten seines Hofes. Sodann nach geraumer Zeit kam es dem König in den Sinn, er sei nicht rechtmäßiger König. Er schickte nach dem Griechen, nahm ihn an einen geheimen Ort und fing an also mit ihm zu sprechen: »Meister, ich traue dir große Wissenschaft zu und es hat sich klärlich gezeigt in den Dingen, um die ich dich befragt habe. Du sollst mir nun sagen, wes Sohn ich bin.«

Der Grieche antwortete: »Gnädiger Herr, welche Frage legt Ihr mir vor? Ihr wißt wohl, daß Ihr der Sohn des und des Vaters seid.«

Der König aber antwortete: »Antworte mir nicht schmeichlerisch! Sage mir ohne Scheu die Wahrheit, und wenn du mir sie nicht sagst, so lasse ich dich eines schlimmen Todes sterben.«

Darauf antwortete denn der Grieche: »Gnädiger Herr, ich sage Euch, Ihr seid der Sohn eines Bäckers.«

Und der König sagte: »Ich will es von meiner Mutter erfahren.«

Er sandte zu der Mutter und zwang sie mit grausamen Drohungen zum Geständnis, bis die Mutter die Wahrheit bekannte. Darauf schloß sich der König mit dem Griechen in ein Gemach ein und sagte: »Lieber Meister, ich habe große Proben deiner Weisheit gesehen. Ich bitte dich, daß du mir sagst, wie du diese Dinge weißt.«

Da antwortete der Grieche: »Gnädiger Herr, ich will es Euch sagen. Daß das Pferd mit Eselsmilch aufgezogen sei, erkannte ich durch mein eigenes natürliches Gefühl, denn ich sah, daß es die Ohren auf eine Art gesenkt hielt, welche der Natur des Pferdes nicht eigen ist. Den Wurm in dem Stein erkannte ich daran, daß die Steine von Natur kalt sind, diesen aber fand ich warm. Warm kann er von Natur nicht sein, außer durch ein Tier, welches Leben in sich hat.«

»Und wie erkanntest du, daß ich eines Bäckers Sohn sei?«

Der Grieche antwortete: »Gnädiger Herr, als ich Euch über das Pferd etwas so Wunderbares sagte, bestimmtet Ihr mir zum Lohn ein halbes Brot des Tages, und dann, als ich Euch über den Stein weissagte, bestimmtet Ihr mir ein ganzes Brot. Seht, da merkte ich, wessen Sohn Ihr seid. Denn wenn Ihr ein Königsohn wäret, so hättet Ihr es noch für ein kleines Geschenk erachten müssen, wenn Ihr mir eine edle Stadt verliehen hättet; Eurer Geburt nach aber kam es Euch genug vor, mich mit Brot zu belohnen, wie Euer Vater tat.«

Da erkannte der König seinen niedrigen Geiz, befreite ihn aus der Gefangenschaft und beschenkte ihn sehr reich.

DAS HERZ DES BUHLERS

(Aus den »Hundert alten Novellen«)

Um 1300

Der Berg Arimini ist in Burgund und dort lebt ein Herr Namens Messer Roberto und es ist eine große Grafschaft. Die alte Gräfin und ihre Kammerfrauen hatten einen einfältigen Türhüter, der war sehr groß von Gestalt und hieß Baligante. Eine der Kammerfrauen fing an, bei ihm zu schlafen; dann offenbarte sie es einer andern, so daß es weiterging bis zur Gräfin. Als die Gräfin hörte, daß er sehr groß gemessen war, schlief sie auch bei ihm. Der Herr spähte es aus. Er ließ ihn ermorden und ließ aus dem Herzen einen Kuchen machen und brachte ihn der Gräfin und ihren Kammerfrauen und sie aßen ihn. Nach dem Essen kam der Herr, um den Hof zu machen, und fragte, wie die Torte gewesen sei. Alle antworteten: »Gut«.

Da antwortete der Herr: »Da ist kein Wunder, daß Baligante Euch lebend gefallen hat, wenn er Euch noch als tot gefällt.«

Als die Gräfin und die Kammerfrauen dies merkten, schämten sie sich und sahen wohl, daß sie ihre Ehre für diese Welt verloren hatten. Darum wurden sie Nonnen und machten ein Kloster, welches das Kloster der Nonnen von Berg Rimino hieß. Das Haus nahm zu und ward sehr reich. Und dies erzählt man als wahre Geschichte. Dort ist die Sitte, wenn ein Edelmann vorbeikam mit vielem Gerät, den luden sie ein und erwiesen ihm die größte Ehre. Und die Äbtissin und die Schwestern kamen ihm entgegen und die, die ihm am besten gefiel, die wartete ihm auf und begleitete ihn zu Tisch und zu Bett. Am Morgen stand sie auf, suchte ihm Wasser und Zwehle, und wenn er gewaschen war, bot sie ihm eine leere Nadel und einen Seidenfaden. Nun mußte er, wenn er sich losmachen wollte, den Faden in das Öhr stecken, und wenn ihm das dreimal hintereinander mißlang, nahmen ihm die Frauen alle seine Habe und gaben ihm nichts zurück; wenn er aber den Faden dreimal in die Nadel brachte, so gaben sie ihm nicht nur sein Gerät zurück, sondern schenkten ihm auch noch schöne Kleinode.

EINE SCHÖNE LIEBESGESCHICHTE

(Aus den »Hundert alten Novellen«)

Um 1300

Ein junger Mann von Florenz war in Liebeslust entbrannt zu einem artigen Jungfräulein. Sie aber liebte nicht ihn, sondern liebte aus der Maßen einen andern Jüngling, welcher sie zwar auch liebte, doch nicht so heftig wie jener, welcher offenbar alles andere über ihr vergaß und sich wie wahnsinnig in seiner Begier verzehrte, zumal an Tagen, wo er sie nicht zu sehen bekam. Das tat einem seiner Gesellen leid und er veranstaltete, daß er ihn wegführte zu einem sehr schönen Landgut, das er besaß, und dort verweilten sie in Ruhe vierzehn Tage. Inzwischen überwarf sich das Mädchen mit ihrer Mutter, schickte ihre Magd aus und ließ sie mit dem sprechen, welcher sie liebte, daß sie mit ihm davongehen wolle. Dieser war sehr froh. Die Magd sprach: »Sie will, Ihr sollt zu Pferd an das Haus kommen, wenn es schon ganz Nacht ist. Sie wird tun, als ginge sie in den Keller hinunter. Dann müßt Ihr an der Haustüre bereit sein, und sie springt Euch hinten aufs Pferd. Sie ist leicht und kann gut reiten.«

Er antwortete: »Gut, es ist mir recht.«

Als sie es so verabredet hatten, ließ er große Vorbereitungen treffen auf einem Landhause, das ihm gehörte. Und es waren daselbst seine Genossen zu Pferd und er hieß sie am Tore warten, damit man es nicht schließe. Dann machte er sich mit einem schönen Roß auf den Weg und ritt an das Haus. Sie hatte aber noch nicht kommen können, weil die Mutter sie zu sehr bewachte. Darum ging jener weiter und zu seinen Gesellen zurück. Der andere aber, der sich um sie verzehrte, fand auf dem Lande keine Ruhe. Er stieg zu Pferd und sein Geselle konnte mit allen Bitten ihn nicht zurückhalten, noch vermochte er ihn, seine Begleitung anzunehmen. Als es Abend ward, gelangte er an die Stadtmauer; alle Tore waren schon zu, aber er eilte so lange umher, bis er auf das Tor traf, wo jene standen. Er ritt hinein und nahm seinen Weg nach dem Hause der Liebsten, nicht in der Absicht, sie zu besuchen oder auch nur ihren Anblick zu genießen, sondern allein um die Straße wiederzusehen. Er stellte sich dem Hause gegenüber auf, als der andere kaum vorübergeritten war; da öffnete das Mädchen die Tür, rief ihn mit heller Stimme und hieß ihn, das Pferd heranrükken. Dieser war nicht lässig und tat, was sie wollte, sie aber sprang ihm geschickt hinten aufs Pferd und so ritten sie von dannen. Als sie an das Tor kamen, ließen die Gesellen des andern sie unangefochten hindurch, denn sie erkannten sie nicht, denn wäre es der gewesen, den sie erwarteten, so hätte er gehalten. Die beiden ritten wohl zehn Meilen, bis sie an eine sehr schöne Wiese kamen, die von sehr hohen Tannen umgeben war. Sie stiegen ab und banden das Roß fest und er hub an, sie zu küssen. Nun erkannte sie ihn, merkte das Unglück und fing an, bitterlich zu weinen. Dieser aber versuchte unter Tränen, sie zu trösten und ihr solche Ehre zu erweisen, daß sie ihre Tränen trocknete und anfing, ihm hold zu werden, da sah sie, daß das Glück sich für ihn entschieden hatte, und sie umarmte ihn. Der andere ritt unterdes mehrmals hin und her, bis er die Eltern des Mädchens gewaltigen Lärm machen hörte uud durch die Magd vernahm, daß die Jungfrau schon fort sei. Er war bestürzt, kehrte zu seinen Gesellen zurück und sagte es ihnen. Sie aber antworteten: »Wir sahen ihn wohl sie vorüberführen, aber wir erkannten sie nicht, und es ist schon so lang, daß sie schon weit auf dieser Straße gekommen sein können.«

Sie setzten ihnen sogleich nach und ritten fort, bis sie sie in ihrer Umarmung schlafend fanden. Sie betrachteten sie im Scheine des Mondes, der indessen aufgegangen war, aber es tat ihnen leid, sie zu stören, und sie sagten: Wir wollen warten, bis sie aufwachen, und dann tun, was uns obliegt.

Sie warteten so lang, bis sie auch der Schlaf überfiel und alle hinsanken. Die andern wachten inmittels auf und sahen, was geschehen war. Sie verwunderten sich und der Jüngling sprach: Diese Leute sind so artig gegen uns gewesen, daß wir sie ums Himmels willen nicht beleidigen dürfen.

Er stieg daher zu Pferd und sie warf sich auf ein anderes von den besten, die daselbst standen, und so ritten sie von dannen. Die Schläfer erwachten und waren sehr erzürnt, daß sie die Verfolgung nicht fortsetzen konnten.

LOB UND TADEL

Von Franco Sacchetti

Um 1330

Der alte König Eduard von England war ein Fürst von großem Ruhm und vieler Tapferkeit und dabei so verständig, als man aus folgender Geschichte zum Teil erkennen kann. Es lebte nämlich zu seinen Zeiten im Enzatal in der Grafschaft Florenz ein Siebmacher mit Namen Parcittadino. Diesem kam es in den Sinn, die Siebmacherei an den Nagel zu hängen und Hofmann zu werden, in welchem Gewerbe er auch bald hübsche Erfahrung gewann. Während er sich so in den höfischen Künsten versuchte, entstand in ihm ein lebhafter Wunsch, den besagten König Eduard zu besuchen, und dies nicht ohne Grund, sondern weil er gar viel Rühmens von seiner Großmut und Milde, insonderheit gegen seinesgleichen, vernommen hatte. In solchen Gedanken machte er sich eines Tages auf den Weg und ruhte nicht eher, bis er England und die Stadt London erreichte, wo der König sich aufhielt. Er betrat den königlichen Palast, wo der besagte König wohnte, schritt durch Türen und Tore und gelangte in den Saal, wo der König meistenteils Hof zu halten pflegte, und fand ihn mit seinem Haushofmeister ins Schachspiel vertieft. Parcittadino näherte sich dem König, kniete nieder und grüßte ihn ehrfurchtsvoll; der König nahm aber noch nicht mehr Rücksicht auf ihn als bei seinem ersten Eintreten, ja er schien ihn nicht zu bemerken, und Parcittadino verblieb eine geraume Zeit in dieser Stellung. Da er aber sah, der König achte nicht auf ihn, erhob er sich wieder und begann zu sprechen: Gesegnet sei der Tag und die Stunde, die mich dahin geführt haben, wohin mich immer verlangte, nämlich zu dem Anblick des edelsten, weisesten und tapfersten Königs der gesamten Christenheit; denn nun darf ich mich vor allen meinesgleichen brüsten, da mir die Ehre zuteil geworden ist, die Blume aller Könige zu schauen. O welcher Gnade hat das Glück mich gewürdigt! Wenn ich des heutigen Tages zum Sterben käme, so würde ich mit freudigem Herzen den letzten Schritt tun, sintemal ich jene durchlauchtige Krone von Angesicht schaue, die, wie der Magnet das Eisen, mit ihrer Trefflichkeit jedermann an sich zieht und mit dem Wunsche erfüllt, ihrer Glorie ansichtig zu werden.

Kaum hatte Parcittadino seine Rede soweit ausgeführt, als der König sich vom Spiel erhob, den Parcittadino ergriff, ihn zur Erde riß und ihm mit Faustschlägen und Fußtritten so begegnete, daß er ihn garstig zurichtete. Als der König das getan hatte, kehrte er gleich zu seinem Schachspiel zurück. Ganz bestürzt erhob sich Parcittadino von der Erde; kaum wußte er noch, wo er sich befand, und fast bedäuchte ihn nun, er habe so manchen Schritt vergebens getan und auch das Lob an den König verschwendet. So stand er ganz unglücklich da und wußte nicht, was er beginnen sollte. Endlich faßte er sich ein Herz und wollte den Versuch machen, ob es ihm vielleicht besser ausschlage, wenn er dem König ganz entgegengesetzte Dinge sage, da ihm das Lob so übel aufgenommen worden war. Er hub also an und sprach: »Verwünscht sei der Tag und die Stunde, die mich an diesen Ort geführt haben! Ich glaubte, ich sei gekommen, einen edeln König zu schauen, wie der Ruf ihn pries, und bin gekommen, einen undankbaren und unerkenntlichen König zu sehen. Ich glaubte, ich sei gekommen, einen tugendhaften König zu sehen, und ich bin gekommen, einen bösen König zu sehen. Ich glaubte, ich sei gekommen, einen weisen und verständigen König zu schauen, und bin zu einem boshaften und verdorbenen gekommen. Ich glaubte, ich sei gekommen, eine heilige und gerechte Krone zu sehen, und bin zu einem gekommen, der Gutes mit Bösem vergilt, denn das beweist der Augenschein, da er mich Armseligen, der ihn ehrte und lobpreiste, so zugerichtet hat, daß ich nicht weiß, ob ich je wieder ein Sieb werde machen können, wenn ich einst zu meinem alten Handwerk sollte zurückkehren müssen.«

Bei diesen Worten erhob sich der König zum zweitenmal und noch heftiger als zuvor, trat an die Tür und rief einen seiner Hofdiener. Als Parcittadino dies sah, kann man sich denken, welcher Schreck ihn ergriff; er schien eine zitternde Leiche und zweifelte nicht, der König werde ihn umbringen lassen; denn als er sah, daß der König jenen Hofdiener herbeirief, bildete er sich ein, er rufe einen Schergen, der ihn ans Kreuz schlagen solle. Als aber der von dem König gerufene Baron kam, sprach der König zu ihm: »Geh hin und gib diesem Mann das und das meiner Staatskleider und bezahle ihn damit für die Wahrheit, die er mir gesagt hat, denn für seine Lügen habe ich ihn schon selber ausbezahlt.«

Der Baron ging eilends und brachte Parcittadino eines der schönsten königlichen Kleider mit so großen Knöpfen voll Perlen und Edelsteinen, daß es, die empfangenen Fußtritte und Faustschläge ungerechnet, wohl dreihundert Gulden oder mehr wert war. Parcittadino argwöhnte anfangs, das Kleid möchte eine Schlange oder ein Basilisk sein und ihn beißen, und griff nur vorsichtig zu. Bald aber faßte er Mut, zog es an und stellte sich darin dem König vor.

»Gnädigster König«, sagte er, »wenn Ihr mich für meine Lügen immer so bezahlen wollt, werde ich selten die Wahrheit sprechen.«

Er lernte den König aus dem, was er gehört hatte, kennen und der König hatte mehr Freude an ihm. Nachdem er geblieben war, solange es ihm gefiel, nahm er Urlaub und verabschiedete sich vom König. Er reiste nach der Lombardei zurück, wo er die Höfe aller Herren besuchte und diese Geschichte erzählte, welche ihm hier mehr als noch einmal dreihundert Gulden einbrachte, womit er nach Toskana zurückkehrte und in Linari seine armen, in saurer Arbeit ganz verkommenen Verwandten vom Siebmachergewerbe in seinem Staatskleide besuchte.

Er tat vielen von ihnen Gutes; dann nahm er Abschied und ging seinem Glücke nach. Das war doch eine so schöne Geschichte, wie sie nur je einem König begegnen konnte. Und wie viele sind, die, wenn sie gelobt worden wären wie dieser König, nicht die Backen aufgebläht hätten vor Stolz? Er aber, obwohl er wußte, daß er jene Lobsprüche verdiente, wollte zeigen, daß es nicht wahr sei, übte aber am Ende solche Klugheit. Viele Unwissende, wenn Schmeichler sie ins Gesicht loben, werden es glauben: er aber, der ein tüchtiger Mann war, wollte das Gegenteil beweisen.

DIE DREI GEBOTE DES VATERS

Von Franco Sacchetti

Um 1330

Jetzt will ich von einer erzählen, die sich verheiratete, als wäre sie noch Jungfrau, der Bräutigam sah aber den Beweis des Gegenteils, ehe er noch bei ihr lag, und schickte sie nach Hause zurück, ohne je mit ihr zu tun zu haben. In Siena lebte vor Zeiten ein reicher Bürger, der einen einzigen etwa zwanzigjährigen Sohn hatte, welchem er, als er zu sterben kam, unter andern Vorschriften die drei folgenden gab: erstens, nie mit jemandem so viel zu verkehren, daß er diesem zum Überdruß werde; zweitens, wenn er eine Ware oder sonst etwas gekauft habe, woran er einen Gewinn machen könne, so solle er diesen hinnehmen und auch noch andern daran Gewinn übrig lassen; drittens, wenn er ein Weib nehme, so solle er eins aus der nächsten Nachbarschaft wählen, und wenn dies nicht sein könne, lieber eins aus seinem eigenen Lande als aus andern entlegenen. Der Sohn erhielt diese drei Vorschriften als Verlassenschaft und der Vater starb. Lange Zeit hatte dieser Jüngling mit einem aus dem Hause der Forteguerri verkehrt, welcher stets ein Verschwender gewesen war und jetzt einige mannbare Töchter hatte. Seine Verwandten stellten ihn täglich wegen seines Aufwandes zur Rede, es half aber nichts. Nun geschah es, daß jener Forteguerra eines Tages für den Jüngling und einige andere ein schönes Gastmahl bereiten ließ, als seine Verwandten ihn deshalb vernahmen und sprachen: »Was tust du, Unglücklicher? Willst du dem aufs Geratewohl noch zugeben, der ein so großes Vermögen geerbt hat, hast so viel Aufwand gemacht und machst immer noch und hast mannbare Töchter?«

Sie sprachen so lange, bis jener wie verzweifelt nach Hause ging, alle Speisen, die in der Küche bereitet wurden, wieder abbestellte, dann eine Zwiebel nahm, sie auf die schon gedeckte Tafel legte und den Befehl hinterließ, wenn der bewußte junge Mann zu Tische komme, so solle man ihm sagen, er möge die Zwiebel essen, denn anders sei nichts da und Forteguerra speise nicht daheim. Als die Essensstunde kam, begab sich der Jüngling nach dem Hause, wohin er geladen war, und als er in den Saal trat, fragte er die Gattin seines Freundes nach ihm. Die Frau antwortete, er sei nicht zu Hause und speise nicht daheim. Er habe aber hinterlassen, wenn er komme, so solle er jene Zwiebel essen, denn anders sei nichts da. Bei diesem Gerichte gedachte der Jüngling des ersten Gebotes seines Vaters und wie übel er dasselbe befolgt habe. Er nahm die Zwiebel, kehrte nach Hause, umwickelte sie mit einem Bindfaden und hängte sie an die Decke des Saales, in welchem er zu speisen pflegte. Nicht lange darauf kaufte er ein Reitpferd für funfzig Gulden und einige Monate nachher konnte er es für neunzig verkaufen, wollte es aber nicht lassen, sondern sagte, er wolle hundert dafür haben. Darauf beharrte er; eines Nachts aber ward das Pferd von Schmerzen überfallen und starb daran. Als der Jüngling dies bedachte, erkannte er, daß er das zweite Gebot des Vaters übel befolgt habe, schnitt dem Pferde den Schwanz ab und hängte ihn an die Decke neben die Zwiebel. Als er sich hierauf verheiraten wollte, fügte es der Zufall, daß er weder in der Nachbarschaft noch in ganz Siena ein Mädchen finden konnte, das ihm gefiel; weshalb er in mehreren Ländern zu suchen begann und zuletzt nach Pisa gelangte, wo er einem Notar begegnete, der früher in Siena Geschäfte gehabt hatte und seines Vaters Freund gewesen war. Daher kannte ihn dieser Notar, nahm ihn sehr freundlich auf und fragte ihn, was er in Pisa für Geschäfte habe. Der Jüngling antwortete, er suche sich ein schönes Mädchen zur Braut, denn in ganz Siena könne er keine finden, die ihm gefalle.

Wenn dies ist, sagte der Notar, so hat dich Gott hierher gesandt und du sollst hier wohl bedient werden, denn ich habe hier ein Mädchen aus dem Hause der Lanfranchi unter den Händen, das Schönste, was man je sehen konnte, und hätte wohl Lust, sie zu der deinigen zu machen.

Dem Jüngling gefiel es und er konnte kaum die Zeit erwarten, bis er sie zu sehen bekäme. Dies gelang ihm denn, und als er sie gesehen hatte, machte er den Handel richtig und verabredete die Zeit, wann er sie nach Siena führen solle. Dieser Notar war von den Lanfranchi bestochen und das Mädchen unehrbar; denn da sie mit einigen jungen Pisanern zu tun gehabt, hatte sie nachher nicht mehr Gelegenheit gefunden, sich zu verheiraten, und darum gedachte dieser Notar, ihre Verwandten von dieser Last zu befreien und sie dem Siener anzuhängen. Er traf also Abrede mit ihrer Kammerfrau, welche vielleicht die Kupplerin gespielt hatte. Es war ein Weibchen aus ihrer Nachbarschaft, genannt Monna Bartolomea, und die junge Braut pflegte mit ihr bald hier, bald da ihrem Vergnügen nachzugehen. Als nun alles in Ordnung und auch für die Begleitung gesorgt war, unter welcher sich auch einige Jünglinge befanden, welche sie oft in Liebe erkannt hatte, machten sie sich mit der Braut und dem Bräutigam auf den Weg nach Siena, und man sandte Boten voraus, um alles für sie in Bereitschaft zu setzen. Als sie auf der Reise waren, zeigte sich einer der Jünglinge, die sich in ihrem Gefolge befanden, so traurig, als ob er zum Galgen ginge, denn er bedachte, wie sie nun nach einem fremden Ort verheiratet werde und er ohne sie nach Pisa zurückkehren müsse. Und er trieb es mit seinem nachdenklichen Wesen und seinen Seufzern so weit, daß der Bräutigam ihres Einverständnisses gewahr wurde; denn das Sprichwort hat nicht Unrecht, welches sagt, daß die Liebe und der Husten nicht zu verbergen sind. Kaum hatte er dies bemerkt, als er argen Verdacht schöpfte und nicht eher ruhte, als bis er völlig erkannt hatte, wer das Mädchen sei und wie der Notar ihn verraten und betrogen habe. Als sie daher nach Staggia gelangten, bediente sich der Bräutigam folgender List. Er äußerte, er wolle zu guter Zeit zu Nacht speisen, weil er am Morgen vor Tagesanbruch nach Siena eilen wolle, um die nötigen Vorbereitungen zu treffen. Dies sagte er so, daß der verliebte junge Mann es hören konnte. Die Kammern, in welchen sie schliefen, waren fast alle nur mit Brettern verschlagen und lagen nebeneinander. In der einen schlief der Bräutigam, in der andern die Braut mit der Kammerfrau und in der dritten zwei junge Männer, von welchen der eine feine Ohren genug gehabt hatte, um die Äußerung des Sieners aufzufangen. Am Morgen nun erhob er sich etwa eine Stunde vor Tagesanbruch, um, wie er zu verstehen gegeben hatte, nach Siena zu eilen. Er ging hinunter, setzte sich zu Pferde und ritt etwa vier Büchsenschüsse weit gegen Siena, worauf er die Zügel wandte und in langsamem Schritte nach Staggia zurückritt. Er näherte sich leise der Herberge, band sein Pferd an einem Türringe fest und ging hinauf nach dem Saale. Hier trat er an die Tür der Kammer, worin die Braut schlief, lauschte leise und überzeugte sich, daß sie den Jüngling bei sich habe; worauf er die schlechtverriegelte Tür erbrach und hineintrat. Dann ging er sacht zu der Bettsponde, suchte nach einem der Kleidungsstücke dessen, der darin schlief, und fand zufällig dessen Beinkleider. Die in dem Bett bemerkten ihn nicht oder stellten sich aus Furcht, als schliefen sie. Er aber nahm die Beinkleider, verließ die Kammer, eilte die Stiege hinab, setzte sich mit den besagten Beinkleidern zu Pferde und eilte nach Siena. Als er nun nach Hause kam, hängte er sie an die Decke neben die Zwiebel und den Pferdeschwanz. Am andern Morgen erhob sich zu Staggia die Braut mit ihrem Liebhaber. Der

Jüngling aber, der seine Beinkleider nicht fand, setzte sich ohne dieselben mit der übrigen Gesellschaft zu Pferde und ging nach Siena. Sie erreichten das Haus, wo die Hochzeit sein sollte, und stiegen ab. Als sie sich nun zu einem Gabelfrühstück unter die drei aufgehängten Dinge setzten, wurde der Jüngling gefragt, was diese Dinge bedeuten. Er antwortete: Ich will es euch sagen und bitte alle, mir zuzuhören. Es ist nicht lange her, daß mein Vater starb und mir drei Gebote hinterließ. Das erste lautete so und so, und deshalb nahm ich diese Zwiebel und hängte sie hier auf; zweitens befahl er mir so und so, und auch hierin gehorchte ich ihm nicht; und als das Pferd starb, schnitt ich ihm den Schwanz ab und befestigte ihn hier oben; zum Dritten befahl er mir, so nahe als möglich in der Nachbarschaft zu heiraten. Ich aber nahm mir kein Weib aus der Nähe, sondern ging bis nach Pisa und nahm dieses Mädchen, weil ich glaubte, sie sei, wie alle sein sollen, die sich als Jungfrauen verheiraten. Unterwegs aber lag dieser junge Mann, welcher hier sitzt, in der Herberge bei ihr. Ich kam leise zu ihnen, fand seine Beinkleider, nahm sie mit mir und befestigte sie hier an der Decke, und wenn ihr mir nicht glaubt, so sucht bei ihm danach, denn er trägt keine.

Und so befand es sich.

Nach Tische also, fuhr er fort, nehmt ihr dieses gute Mädchen und begebt euch wieder nach der Heimat, denn ich will sie nicht wieder sehen, geschweige denn bei ihr liegen. Dem Notar, der mir den guten Rat gab, die Heirat stiftete und den Vertrag niederschrieb, mögt ihr sagen, er möge einen Spinnrocken mit dem Pergament bekleiden.

Und so geschah es. Sie zogen mit dem Mädchen ab, still und beschämt oder, wie man zu sagen pflegt, mit lahmem Fuß und den Finger im Auge. Die Braut aber verschaffte sich mit der Zeit noch viele Männer, der Bräutigam andere Frauen. In diesen drei Torheiten handelte dieser junge Mann den Geboten seines Vaters zuwider, die alle sehr nützlich sind, obgleich viele Leute sie nicht beobachten. In dem letzten Punkte aber, dem wichtigsten, kann man nicht irren, wenn man Verwandtschaften in der Nähe schließt, und doch tun wir alle das Gegenteil. Und nicht allein bei den Ehen, sondern auch wenn wir Pferde zu kaufen haben, wollen wir nichts von den Nachbarn, bei welchen uns alles voll Fehler erscheint, kaufen dagegen die der Deutschen, welche nach Rom gehen, in wahrer Wut auf. Und so geht es uns oftmals in beiden Fällen gerade wie in der Geschichte, die ihr gehört habt, ja noch schlimmer.

PIERO BRANDANI

Von Franco Sacchetti

Um 1330

In der Stadt Florenz lebte vor Zeiten ein gewisser Piero Brandani, der seine ganze Zeit mit Prozessieren hinbrachte. Er hatte einen Sohn von etwa achtzehn Jahren, und da er nun eines Morgens auch wieder auf das Rathaus gehen mußte, um einen Rechtshandel zu vertreten, so gab er seinem Sohn gewisse Papiere und hieß ihn damit vorausgehen und ihn bei der Abtei von Florenz erwarten. Der Sohn gehorchte dem Vater, ging an den bezeichneten Ort und erwartete daselbst mit den Papieren den Vater. Es war im Monat Mai, und während der Junge so wartete, fing es an, sehr heftig zu regnen. Da kam eine Bäuerin mit einem Korb voll Kirschen auf dem Kopfe vorüber und der Korb fiel ihr herunter, die Kirschen waren über die ganze Straße verstreut und die Gosse dieser Straße war wie immer, sooft es regnet, zu einem kleinen Bache angeschwollen. Der junge Mensch machte begierig, wie solche Leute sind, mit noch andern sich die Verwirrung zunutze und beeilte sich, die besagten Kirschen aufzulesen, ja sie liefen bis in den Bach hinein hinter denselben her. Als nun aber die Kirschen verzehrt waren und der junge Bursche sich auf seinen vorigen Standpunkt zurückbegab, fand er, daß er die Papiere nicht mehr unter dem Arm hatte, denn sie waren ihm in das Wasser gefallen und von demselben in den Arno geschwemmt worden, ohne daß er es bemerkt hatte. Er lief auf und ab, fragte da, fragte dort, es war alles umsonst, denn die Papiere schwammen bereits Pisa zu. Der junge Mensch war darüber sehr betrübt und dachte darauf, sich aus dem Staub zu machen aus Furcht vor seinem Vater. Er lief auch am ersten Tag bis Prato, wo die meisten Entwichenen oder Flüchtlinge von Florenz die erste Rast halten. Er ging in eine Herberge, wo nach Sonnenuntergang auch einige Kaufleute ankamen, nicht um die Nacht daselbst zuzubringen, sondern mit der Absicht, ihren Weg noch weiter gegen Ponte Agliana fortzusetzen. Die Kaufleute sahen, daß der junge Mensch so niedergeschlagen war, und fragten ihn, was er habe und woher er sei. Er antwortete auf ihre Frage und sie schlugen ihm vor, sich an sie anzuschließen und bei ihnen zu bleiben. Der Knabe konnte es kaum erwarten, bis es weiterging, sie machten sich endlich auf und kamen um zwei Uhr nachts nach Ponte Agliana. Sie klopften an eine Herberge und der Wirt, welcher schon schlafen gegangen war, kam an das Fenster und fragte: »Wer da?«

»Mach uns auf! Wir wollen Quartier.«

Der Wirt aber sagte scheltend: »Wißt ihr denn nicht, daß es hier in der Gegend von Straßenräubern wimmelt? Es wundert mich sehr, daß ihr durchgekommen seid.«

Der Wirt hatte auch wirklich recht, da eine große Schar Verbannter das Land heimsuchte. Die Reisenden baten aber doch so lange, bis ihnen der Wirt öffnete. Als sie drinnen waren und ihre Pferde versorgt hatten, sagten sie, sie wollten zu Nacht essen. Der Wirt aber sagte: »Ich habe keinen Bissen Brot im Hause.«

Die Kaufleute antworteten: »Nun, was ist da zu tun?«

»Ich weiß kein anderes Mittel«, versetzte der Wirt, »als daß euer Bursche irgend einen zerrissenen Kittel anzieht, in dem er wie ein Lump aussieht; er soll die Anhöhe hinuntergehen, drunten wird er eine Kirche finden und alsdann soll er den Ser Cione rufen, den Pfarrer von dort, und ihm von mir ausrichten, er möge mir neunzehn Brote leihen. Ich sage dies darum, weil diese Bösewichter, wenn sie einen so schlechtgekleideten Jungen finden, nichts mit ihm anfangen werden.«

Er zeigte dem Burschen den Weg, welcher ungern ging, weil

es Nacht war und man nicht gut sah. Voll Furcht, wie man sich denken kann, ging er hinweg, irrte da- und dorthin und konnte die Kirche durchaus nicht finden, bis er endlich in ein Gebüsch kam, aus welchem er etwas hervorschimmern sah, was wie eine Mauer aussah. In der Meinung, es sei die Kirche, nahm er sich vor, darauf loszugehen. Er kam auf eine große Tenne, die er für den Kirchplatz hielt. In Wahrheit aber stand er an dem Hause eines Landmanns. Er ging darauf zu und fing an, an die Tür zu klopfen. Der Landmann hörte ihn und rief: »Wer ist da?«

Der Knabe antwortete: »Macht mir auf, Ser Cione, der Wirt (er nannte den Namen) von Ponte Agliana schickt mich her, ihr möchtet ihm neunzehn Brote leihen.«

»Was Brote!« rief der Bauer, »Gaudieb, der du bist und der du für die Spitzbuben Kundschaft einziehen willst! Wenn ich hinauskomme, so will ich dich packen und nach Pistoja schikken, daß sie dich aufhängen.«

Als der junge Mensch diese Worte hörte, wußte er nicht, was er anfangen sollte, und indem er so außer sich nach einem Wege sich umsah, welcher ihn an einen bessern Hafen führen könnte, hörte er ganz nahe am Saum des Waldes einen Wolf heulen. Er schaute umher und sah auf dem Platz eine Tonne aufrecht stehen, welcher oben der Boden eingeschlagen war. Er lief stracks darauf zu, stieg hinein und wartete mit großer Besorgnis, was das Schicksal über ihn beschlossen habe. Unterdessen kam wirklich der Wolf heran; er war vielleicht aus Alter räudig, lehnte sich an das Faß und fing an, sich daran zu reiben. Während er so juckte, erhob er den Schwanz und dieser kam gerade in das Spundloch hinein. Der Knabe fühlte sich innerhalb des Fasses von dem Schwanze berührt und kam in heftige Angst. Sobald er aber sah, was es war, packte er in seiner großen Not den Schwanz und nahm sich vor, solange seine

Kräfte ausreichten, ihn nicht mehr loszulassen, bis er ihn ganz innen hätte. Der Wolf, als er sich am Schwanze gepackt fühlte, fing an zu ziehen; der Knabe hielt fest und zog gleichfalls. So zogen beide, bis die Tonne umfiel und zu rollen begann. Der Knabe hielt immer fester und der Wolf zog, und je mehr er zog, desto mehr Schläge versetzte ihm das Faß auf den Rükken. Dieses Wälzen dauerte wohl zwei Stunden und das Faß versetzte dem Wolf so heftige Schläge, daß er am Ende ums Leben kam. Der Jüngling war dabei freilich auch halb zerstoßen worden: doch kam ihm sein gutes Glück so weit zustatten, daß, je fester er den Schwanz hielt, desto mehr er selbst geschützt und der Wolf in Nachteil versetzt war. Als jener den Wolf getötet hatte, wagte er doch die ganze Nacht nicht, aus dem Fasse hervorzukriechen, noch den Schwanz loszulassen. Gegen Morgen stand der Landmann auf, bei welchem der Knabe an die Tür geklopft hatte, und sah, als er zur Arbeit auf den Acker ging, am Fuße eines Absturzes das Faß liegen. Da dachte er und sprach bei sich selbst: »Diese Teufel, die des Nachts umgehen, richten auch nichts als Unheil an. Weil sie nun nichts andres oben auf der Tenne gefunden als mein Faß, haben sie es mir bis dort hinuntergerollt.«

Er schritt näher hinzu und sah neben dem Fasse den Wolf liegen, welcher noch nicht tot schien. Da fing er an zu schreien: »Ein Wolf! Ein Wolf! Ein Wolf!«

Die Leute aus dem Dorfe kamen auf den Lärm herbeigelaufen, und als sie näher rückten, bemerkten sie, daß der Wolf tot war und der junge Mensch in dem Fasse lag. Alles kreuzte und segnete sich und fragte den Knaben: »Wer bist du denn? Was soll das heißen?«

Mehr tot als lebendig und kaum imstande, noch Atem zu schöpfen, sagte der Knabe: »Erbarmt euch meiner um Gottes willen und hört mich an, ohne mir etwas zuleid zu tun!«

Die Bauern spitzten die Ohren, um den Hergang eines so unerwarteten Abenteuers zu vernehmen. Er erzählte nun von dem Verlust der Papiere bis zu diesem Punkte alles, was ihm begegnet war. Die Leute hatten großes Mitleid mit ihm und sagten: »Junge, du hast großes Unglück gehabt; aber doch wird es dir nicht so übel ausschlagen, wie du glaubst. In Pistoja ist ein Gesetz, daß, wer einen Wolf erlegt und ihn der Gemeinde bringt, bekommt von ihr fünfzig Pfund.«

Da wurden die erstarrten Lebensgeister dem Jüngling wieder etwas rege, als sie ihm anboten, ihn zu begleiten und ihm den Wolf tragen zu helfen, was er auch annahm. Einige von ihnen trugen mit ihm den Wolf hinweg, und als sie in das Wirtshaus von Ponte Agliana kamen, von wo er ausgegangen war, verwunderte sich der Wirt daselbst, wie nicht anders zu erwarten ist, und sagte, die Kaufleute seien bereits weiter gezogen und er wie sie haben, als er nicht zurückkam, geglaubt, er sei entweder von Wölfen gefressen oder von Räubern gefangen worden. Kurz, der Knabe lieferte endlich den Wolf an die Gemeinde von Pistoja ab und erhielt, nachdem er den ganzen Verlauf erzählt hatte, fünfzig Pfund. Von diesen gab er fünf aus zur Bewirtung der Gesellschaft und mit den übrigen fünfundvierzig kehrte er, nachdem er sich von ihnen verabschiedet hatte, zu seinem Vater zurück. Er bat ihn um Verzeihung, erzählte ihm alles, was ihm begegnet war, und gab ihm die fünfundvierzig Pfund. Der Vater als armer Mann war darüber sehr erfreut, verzieh ihm, ließ von dem besagten Gelde von jenen Papieren eine neue Abschrift machen und prozessierte mit dem Reste lustig drauf los.

Darum muß man über nichts in der Welt verzweifeln, denn gar oft gibt das Glück ebenso wieder, wie es nimmt. Wer hätte sich eingebildet, daß die im Wasser verlorenen Papiere wieder ersetzt werden sollten durch einen Wolf, der seinen Schwanz durch das Spundloch eines Fasses steckte und sich so fangen lassen mußte? Gewiß, dies ist ein Fall und ein Beispiel, welches nicht nur lehrt, daß man nicht verzweifeln darf, sondern daß man, was auch kommen mag, weder trostlos noch verdrießlich werden soll.

DIE CASENTINER GESANDTEN

Von Franco Sacchetti

Um 1330

Als der Bischof Guido über Arezzo herrschte, erwählten die Gemeinen der Casentiner Landschaft zwei Gesandte, um sie an ihn abzufertigen und ihn wegen gewisser Dinge anzugehen. Man teilte ihnen ihren Auftrag und was sie ihm auseinanderzusetzen haben, ausführlich mit und gab ihnen eines Abends spät Befehl, des andern Morgens ihre Reise anzutreten. Sie kehrten alsbald abends nach Hause, packten eilends zusammen und machten sich in der Frühe auf nach ihrem Bestimmungsort. Als sie einige Meilen gewandert waren, sagte einer zum andern: »Erinnerst du dich noch des Auftrages, den man uns gegeben hat?«

Der andere erwiderte, er habe sich ihn nicht gemerkt.

»Ei, ich habe mich auf dich verlassen«, sagte jener.

»Und ich mich auf dich«, entgegnete der andere.

»Das haben wir gut gemacht«, riefen beide und stierten einander an. »Was ist da zu tun?«

Der eine sagte: »Nun sieh, wir sind bald in der Herberge, wo wir unser Frühstück halten. Dort wollen wir uns einmal recht zusammennehmen und so muß es uns notwendig wieder einfallen.«

Der andere sprach: »Du hast recht.«

So ritten sie träumend weiter und kamen um die dritte Stunde in die Herberge, wo sie frühstücken wollten. Wie sie aber hin und her dachten, ehe es zum Essen ging, so konnten sie sich doch durchaus nicht auf die Sache besinnen. Als sie bei Tisch saßen, wurde ihnen ein sehr feiner Wein aufgewartet. Die Gesandten, welchen der Wein viel besser schmeckte als das Nachdenken über ihren Auftrag, fingen an, der Flasche zuzusprechen, tranken und tranken, füllten die Gläser und leerten sie wieder, und als das Essen vorüber war, war so wenig davon die Rede, daß sie sich ihrer Botschaft erinnerten, daß sie vielmehr gar nicht mehr wußten, wo sie waren, und sich schlafen legten. Nachdem sie ein Stück weggeschlafen hatten, erwachten sie ganz verdutzt und einer sprach zum andern: »Ist dir jetzt unsere Angelegenheit eingefallen?«

Der andere sagte: »Ich weiß von nichts; mir ist nur so viel klar, daß der Wein des Wirtes der beste Wein ist, den ich je getrunken habe. Seit dem Frühstück bin ich überhaupt nicht wieder zur Besinnung gekommen als eben jetzt, und jetzt weiß ich kaum, wo ich bin.«

Jener erwiderte: »Gerade das nämliche sage ich dir auch. Aber was sollen wir denn sagen? Was sollen wir anfangen?«

Sein Gefährte entgegnete ihm kurz: »Wir wollen heute hier bleiben und auch hier übernachten, denn guter Rat kommt, wie du weißt, über Nacht. Es kann nicht fehlen, daß uns die Sache bis dahin einfällt.«

Sie waren hierüber einig und blieben den ganzen Tag daselbst und guckten noch wiederholte Male in das Glas. Bei dem Abendessen wurden gleichfalls die Gläser mehr in Anspruch genommen als das Holzwerk, und nach beendigtem Mahle waren sie so weit, daß einer kaum den andern kannte. Sie gingen zu Bett und schnarchten die ganze Nacht wie Schweine. Als sie am Morgen aufstanden, sagte der eine: »Was fangen wir nun an?«

Der andere antwortete: »Der Himmel muß sich wider uns verschworen haben; denn da mir diese Nacht keine Silbe von dem ganzen Auftrage eingefallen ist, so glaube ich auch nicht, daß er mir je wieder ins Gedächtnis kommt.«

»Meiner Treu«, versetzte jener, »mit uns sieht es nicht zum besten aus. Ich weiß gar nicht, was das heißen soll, ob es dieser Wein oder etwas anderes ist. Ich habe mein Leben lang noch nie so fest geschlafen, ohne mich wieder ermuntern zu können, wie heute Nacht in diesem Wirtshause. Was zum Teufel soll das heißen?«

»Laß uns zu Pferde steigen«, sagte der andere, »und in Gottes Namen weiterreiten. Vielleicht fällt es uns unterwegs ein.«

So setzten sie denn ihre Reise fort und sagten unterwegs oft zueinander: »Ist es dir eingefallen?«

Der andere: »Mir nicht.«

»Mir auch nicht«, sagte der erste.

Auf diese Art kamen sie in Arezzo an und gingen in das Wirtshaus, wo sie sich oft abseits in eine Kammer begaben, die Backen auf die Hände gestützt, aber niemals sich auf die Sache besinnen konnten. Da sagte einer zuletzt, fast verzweifelnd: »Gehen wir geradezu hin! Gott möge uns beistehen!«

Der andere aber sagte: »Wie sollen wir denn aber mit ihm reden, wenn wir nicht wissen, was?«

Der erstere aber antwortete: »Auf diesem Punkte kann die Sache nun doch einmal nicht bleiben.«

So ließen sie es denn auf das Geratewohl ankommen und gingen zum Bischof, und als sie vor ihm standen, machten sie eine tiefe Verbeugung und blieben dabei stehen, ohne es zu etwas anderm zu bringen. Der Bischof war ein wackerer, ansehnlicher Herr, erhob sich und ging auf sie zu, nahm sie bei der Hand und sagte: »Seid willkommen, meine Kinder! Was bringt Ihr Neues?«

Einer schaute den andern an: »Sprich du!«

»Sprich du!«

Aber keiner von beiden redete ein Wort. Am Ende aber sagte der eine: »Herr Bischof, wir sind abgesandt an Euer Gnaden von Euren ergebenen Dienern in der Casentiner Landschaft; aber die, welche uns abschickten, sind ebenso unbeholfen als wir, die Abgesandten, und sie übermachten uns unsern Auftrag spät abends in großer Hast. Was nun schuld sein mag, entweder wußten sie es uns nicht recht zu sagen, oder waren wir zu ungeschickt, es zu verstehen. Wir bitten Euch demnach inständig, Ihr möget Euch diese Gemeinen und ihre Mitglieder empfohlen sein lassen, die aber mögen meuchlings umkommen, die uns hierher gesandt haben, und wir selber, daß wir hergekommen sind!«

Der verständige Bischof legte ihnen die Hand auf die Schulter und sagte: »Geht in Frieden wieder heim und sagt meinen lieben Kindern im Casentino, ich sei immer darauf bedacht, für ihr Bestes alles zu tun, was in meinen Kräften stehe. Damit sie sich aber hinfort nicht mehr in die Unkosten einer Gesandtschaft versetzen, mögen sie, sooft sie etwas von mir wollen, an mich schreiben und ich will ihnen meine Antwort brieflich zukommen lassen.«

Darauf nahmen sie Abschied und gingen. Unterwegs sagte einer zum andern: »Hüten wir uns, daß es uns nicht auf dem Rückweg ebenso ergeht wie auf dem Herweg!«

Der andere aber sagte: »Ach, was haben wir denn im Gedächtnis zu behalten?«

»Nun«, sprach jener, »wir müssen doch darauf bedacht sein, wie wir ausrichten wollen, was wir hier auseinandergesetzt haben und was wir zur Antwort erhalten. Denn wenn unsere Mitbürger im Casentino jemals erführen, daß wir ihren Auftrag so vergessen haben und daß wir wie Gehirnlose wieder vor sie treten, so würden sie uns nimmermehr als Botschafter aussenden, ja uns gar kein Amt mehr anvertrauen.«

Der andere, der ein wenig schlauer war, sagte: »Überlaß diese Sorge nur mir! Ich werde ihnen sagen, wir haben uns unserer Sendung gegen den Bischof entledigt und er habe sich gnädig darin und in allen Stücken erboten, immerdar ihr Wohl zu fördern, und um seine Liebe noch mehr zu betätigen, habe er gesagt, zu Ersparung von Kosten sollen sie, sooft sie etwas von ihm brauchen, es mit gehöriger Ruhe und Bequemlichkeit in einem einfachen Briefe schreiben und die Gesandtschaften unterwegen lassen.«

»Das hast du gut ausgesonnen«, sagte der andere. »Wir wollen schneller reiten, damit wir bei guter Zeit wieder zu dem Wein kommen, weißt du!«

So spornten sie ihre Pferde und kamen in das Gasthaus, und als ein Knabe herauskam, um ihnen den Steigbügel zu halten, fragten sie nicht nach dem Wirte noch, ob er zu essen habe, sondern ihr erstes Wort war, daß sie sich nach jenem Wein von neulich erkundigten. Der Knecht sagte: »Der ist besser als je.«

Da stärkten sie sich hier denn auch das zweitemal nicht weniger als zuvor und wichen nicht eher von der Stelle, als bis unter redlichem Beistand anderer Zechbrüder der Wein auf die Neige und der Boden des Fasses zum Vorschein gekommen war. Voll Kummer darüber zogen sie von hinnen und gelangten zu denen, die sie abgeschickt hatten. Die Lügen, die sie ersonnen hatten, behielten sie viel besser im Gedächtnis als vorher die Wahrheit. Sie sagten, sie haben vor dem Bischof eine so schöne Standrede gehalten, und taten, als wäre der eine ein Cicero, der andere ein Quinctilian gewesen. Dadurch ernteten sie großes Lob ein und wurden auch späterhin mit andern Ämtern betraut, denn sie waren mehrmals Rechnungsrevisoren oder Güterverwalter.

Wie oft geschieht es doch in der Welt und nicht nur bei erbärmlichen Geschöpfen, wie diese waren, sondern bei weit größern als sie, daß solche ohne weiteres als Botschafter verwendet werden, während sie doch mit den Ereignissen so wenig vertraut sind als der Sultan mit Frankreich. Dann versichern sie mündlich und schriftlich, sie haben Tag und Nacht nicht geruht, sondern immer mit größtem Eifer den Geschäften obgelegen, und alles ist ihr Machwerk, was sie gutheißen und wobei sie anwesend sind, während sie doch oft nicht mehr Bewußtsein dazu bringen als ein Klotz. Dafür werden sie aber von ihren Absendern gepriesen und mit den größten Ämtern und andern Belohnungen überhäuft, weil sie von der Wahrheit abgehen, zumal in Fällen, wo sie sehen, daß ihnen ein Vorteil daraus erwächst, wenn man ihnen Glauben schenkt.

DER BAUER UND DER SPERBER

Von Franco Sacchetti

Um 1330

Es fällt mir ein französischer Bauer ein, dessen List ich doch erzählen muß, die er gegen einen Türsteher des Königs Philipp von Valois übte, weil er aus Habsucht ihm nehmen wollte, was doch der König ihm befohlen hatte zu geben. Als dieser König an der Regierung war und zu Paris wohnte, besaß er einen Sperber, welcher an Schönheit und Vortrefflichkeit alle übertraf, die je an seinem Hofe waren; er hatte Schellen von Gold oder Silber und alle mit Schmelz überzogen, auf welchen die Lilien des königlichen Wappens standen. Einst kam ihm die Lust, wie er häufig zu tun pflegte, spazieren zu gehen, und als sie mit diesem und mit andern Vögeln und Hunden an einen Ort kamen, wo eine Menge von Rebhühnern sich befand, ließ der Falkner des Königs den Sperber, den er in der Hand hielt, auf ein Rebhuhn los und der Sperber packte es. Man ging weiter und ließ ihn auf ein anderes los; das faßte er aber nicht, was nun daran schuld sein mochte, sei es, daß den Sperber Feigheit anwandelte oder was sonst; und während er sonst so zahm war, daß er immer, wenn er nichts fing, vom Fluge auf die Faust zurückkehrte, tat er nun gerade das Gegenteil, er flog in die Höhe und so weit weg, daß sie ihn ganz aus dem Gesicht verloren. Als der König dies sah, schickte er ungefähr acht seiner Knappen nebst dem Falkner aus, um den Sperber zu verfolgen, bis sie ihn wiederfänden. So gingen sie da- und dorthin und zogen acht Tage umher, ohne eine Spur von ihm aufzufinden, kehrten also nach Paris zurück und meldeten es dem König. Darob ward der König sehr betrübt, obwohl es ein mannhafter König war, und beklagte den ganzen Tag den Verlust seines edeln Sperbers. Es dauerte eine geraume Zeit und niemand zeigte sich, der den Sperber gefangen hätte; da ließ er öffentlich bekannt machen, wer ihm den besagten Sperber finge und wiederbrächte, würde von ihm zweihundert Franken bekommen, wer ihn aber nicht wiederbrächte, käme an den Galgen. Die Nachricht und das Gerede darüber ging durch das Land und es dauerte einen ganzen Monat, da kam der Sperber in die Grafschaft N. Dort saß er auf einem Baume und der obengenannte Landmann, der gerade unter demselben seine Feldarbeit trieb, hörte die Glöckchen. Er trat wie zum Scherz näher, hielt seine rauhe, schwielige Hand hin und auf eine sonst gar nicht gewöhnliche Lockung kam ihm der Sperber auf die Hand. Der Bauer wußte sich schon über den Klauen, die ihn packten, gar nicht zu helfen; als er aber vollends die Schellen mit dem königlichen Wahrzeichen sah, von welchen er durch seine zwei erwachsenen Töchter gehört hatte, war der unerfahrene Mensch vollends außer sich. Er nahm indes die Wurfriemen, ließ seine Hacke liegen, ging nach seinem Hause, schnitt ein Seil vom Saumsattel eines Esels, knüpfte es an die Wurfriemen und band es an eine Stange. Wenn er aber überlegte, wer er war und wie er genötigt sei, den Vogel nach Paris vor den König zu bringen, so wurde es ihm ganz schwach. Da es nun so weit war, kam ein Türsteher des Königs in Geschäften zufällig an seinem Hause vorüber, hörte die Schellen und sagte: »Du hast den Sperber des Königs gefangen.«

Er antwortete: »Ja, ich glaube.«

Da verlangte ihn jener und sprach: »Du würdest ihn verderben, wenn du ihn hintrügest. Gib ihn mir!«

Der Bauer antwortete: »Das ist ganz richtig, was Ihr sagt; aber seid so gut and entreißt mir nicht, was mir das Glück verliehen hat! Ich will ihn tragen, so gut ich kann.«

Der andere bemühte sich mit Bitten und Drohungen, um ihn von dem Bauern zu bekommen; aber es half nichts. Endlich sagte er: »Nun siehe, wenn du mir den Vogel nicht gibst, so tue mir wenigstens einen Gefallen! Ich stehe genau mit dem König, ich werde dir nützlich sein, in was ich kann; versprich mir aber, daß du mir die Hälfte gibst von dem, was dir der König geben wird.«

Der Landmann sagte: »Ich bins zufrieden.«

Und so versprach ers. Der Hofdiener ging nach Paris. Der Bauer fand einen ganz zerrissenen Handschuh von Tuch, schickte an einen in einem benachbarten Orte, welcher sich mit dergleichen Vögeln abgab, der lieh ihm einen Hut, und als der Sperber gefüttert und verkappt war, nahm er den Weg unter die Füße und kam endlich sehr müde, wegen der ungewohnten Last und weil ihm die Edelmannstracht höchst beschwerlich war, in Paris und bei dem König an. Als dieser ihn sah, war er sehr erfreut, seinen Sperber wiedergefunden zu haben, und lachte laut, als er bemerkte, wie seltsam ihn der Bauer in der Hand hielt. Da sprach der König: »Verlange, was du begehrst.«

Der Bauer antwortete: »Herr König, dieser Sperber ist mir auf die Hand gesessen, mit Gottes Hilfe habe ich ihn Euch hergebracht, so gut ich konnte; das Geschenk, das ich dafür von Euch verlange, ist, daß Ihr mir fünfzig Prügel oder Peitschenhiebe geben laßt.«

Der König verwunderte sich und fragte ihn um den Grund dieser Bitte. Der Bauer sagte nun, wie ein gewisser Türsteher von seinem Gefolge ihm das Versprechen abgedrungen habe.

Er verlangte, ich solle ihm die Hälfte geben von dem, was Eure heilige Krone mir schenke. Laßt also ihm fünfundzwanzig geben und die andern fünfundzwanzig mir! Ich bin zwar ein armer Mann und hätte es wohl nötig, für meine zwei heiratsfähigen Töchter etwas anderes von Euer Gnaden zu erhalten; aber dennoch will ich zufriedener weggehen, wenn ich bekomme, was ich verlange, um den andern das empfangen zu sehen, was er verdient, und wenn ich auch die gleiche Strafe dulden muß, als wenn Ihr mir von Eurem Gold und Eurem Silber gäbet.

Der König war weise und verstand die Rede des ungebildeten Bauers, dachte daher ihn nach Gerechtigkeit zufriedenzustellen und sagte zu seinen Leuten: »Ruft mir den Türsteher herbei!«

Er wurde sogleich gerufen, kam vor den König und dieser fragte ihn: »Bist du dort gewesen, wo dieser Mann den Sperber gefangen hat?«

Er antwortete: »Ouy, Herr König!«

Der König fragte weiter: »Warum hast du ihn nicht überbracht?«

Jener versetzte: »Der Bauer ließ es nicht zu.«

Der König sprach: »Dein Geiz ist so weit gegangen, daß du von ihm die Hälfte des Geschenkes begehrtest, das er bekommen würde.«

Als der Bauer dies hörte, sagte er: »So war es, gnädiger Herr!«

»Und ich«, sagte der König, »schenke diesem Bauern fünfzig Peitschenstreiche auf den bloßen Leib, von welchen du nach dem Vertrage fünfundzwanzig bekommen sollst.«

Er befahl einem seiner Gerichtsdiener, ihn sogleich entkleiden zu lassen und zur Ausführung zu schreiten, und so geschah es. Der König ließ ihn nun in Gegenwart des Bauern vor sich kommen und sprach zu diesem: »Ich habe dir die Hälfte des Geschenkes gegeben und dir deine Verpflichtung abgenommen, die du durch dein Versprechen gegen diesen Schurken hattest. Den Rest gebe ich dir allein.«

Da wandte er sich zu einem seiner Kämmerer und sprach: »Geh, laß diesem Manne zweihundert Franken geben, daß er seine Töchter verheiraten kann. Und in Zukunft komm nur zu mir, wenn dir etwas fehlt, ich will immer deiner Not abhelfen.«

So schied der Bauer glücklich von dannen. Der Meister Türsteher aber nahm sich von den Peitschenhieben eine Warnung, um nicht mehr seinem eigenen Vorteil statt dem seines Königs nachzugehen. – Groß war die Gerechtigkeit und Klugheit dieses Königs; aber nicht minder bemerkenswert ist, wie aus dem Munde eines Bauern, der besser eine edle Seele heißen könnte, eine so würdige Bitte kam, um die Habgier des Mannes zu strafen, der auch nie mehr wie früher in Gunst bei König Philipp kam.

DIE KUNST ZU LIEBEN

Von Giovanni Fiorentino

Um 1375

In Rom lebten in dem Hause der Savelli zwei Freunde und Gefährten, wovon der eine Bucciuolo und der andere Pietro Paolo hieß, beide von guter Herkunft und reich an zeitlichen Gütern. Diese beschlossen der Studien wegen nach Bologna zu gehen, wo der eine bürgerliches, der andere kanonisches Recht hören wollte, und so nahmen sie Abschied von ihren Verwandten, kamen nach Bologna und studierten dort ihrem Vorsatze gemäß eine gute Zeit der eine weltliches, der andere geistliches Recht. Und wie ihr wißt, hat das kanonische nicht den Umfang wie das römische, weshalb Bucciuolo, welcher das geistliche Recht studierte, früher fertig war als Pietro Paolo mit dem seinigen. Da er nun Lizentiat geworden war, beschloß er, nach Rom zurückzukehren, und sprach zu Pietro Paolo: »Lieber Bruder, da ich es nun zum Lizentiaten gebracht habe, bin ich entschlossen, nach Hause zu reisen.«

Pietro Paolo antwortete: »Ich bitte dich, laß mich nicht hier allein, sondern erwarte mich diesen Winter über; dann im Frühling reisen wir zusammen. Du kannst inzwischen eine andere Wissenschaft lernen, so verlierst du deine Zeit nicht.«

Bucciuolo war damit zufrieden und versprach, ihn abzuwarten. Die Zeit nicht zu verlieren, ging also Bucciuolo zu seinem Meister und sprach: »Ich habe mich entschlossen, auf meinen Gesellen und Vetter da zu warten, und bitte Euch, mich unterdessen irgend eine andere schöne Wissenschaft zu lehren.«

Der Meister versetzte, er sei es zufrieden, und sprach: »Suche dir eine Wissenschaft aus, welche du willst, und ich will sie dich gern lehren.«

Da sprach Bucciuolo: »Lieber Meister, ich möchte gern lernen, wie man sich verliebt und wie man sich dabei zu verhalten hat.«

Der Meister entgegnete lächelnd: »Das gefällt mir nicht übel. Du hättest nicht leicht eine Wissenschaft wählen können, womit ich zufriedener gewesen wäre. Begib dich also nächsten Sonntagmorgen in die Kirche der Minoritenbrüder, wenn alle Frauen dort versammelt sind, und gib wohl acht, ob eine ist, die dir wohlgefällt; und findest du eine, so folge ihr von weitem, bis du siehst, wo sie wohnt, und dann komm wieder zu mir! Und dies soll die erste Aufgabe sein, die du zu lernen hast.«

Bucciuolo ging und am folgenden Sonntagmorgen fand er sich nach der Anweisung seines Meisters in der Minoritenkirche ein, um die Frauen zu mustern, welche sich zahlreich genug versammelt hatten. Unter ihnen sah er eine, die ihm sehr gefiel, denn sie war gar schön und reizend. Als sie daher die Kirche verließ, folgte ihr Bucciuolo und sah und merkte sich das Haus, wo sie wohnte, woraus die Dame annahm, daß dieser Student im Begriff sei, sich in sie zu verlieben. Bucciuolo ging zu seinem Meister zurück und sprach: »Ich habe getan, was Ihr mir sagtet, und eine gefunden, die mir sehr gefällt.«

Darüber hatte der Meister eine große Freude und lachte heimlich des Bucciuolo wegen der Kunst, die er lernen wollte. Da sprach er zu ihm: »Jetzt mußt du suchen, zwei- oder dreimal täglich anständig an ihrem Fenster vorüberzugehen. Nur halte die Augen bei dir und laß niemand merken, daß du nach ihr hinblickst! Weide dich jedoch so lange an ihrem Anschauen, bis sie deine Neigung gewahrt, und dann komm wieder zu mir. Das soll deine zweite Aufgabe sein.«

Hierauf verließ Bucciuolo seinen Meister und begann mit kluger Vorsicht an dem Hause seiner Dame vorüberzugehen, bis sie deutlich erkannte, daß es um ihretwillen geschehe. Da fing sie an, auch nach ihm zu blicken, so daß Bucciuolo anfing, sich bescheiden vor ihr zu verneigen, was sie mehrmals erwiderte, woraus Bucciuolo schloß, daß die Frau ihn liebe. Er berichtete daher seinem Meister alles, worauf dieser antwortete und sprach: »Recht schön; ich bin mit dir zufrieden; bis jetzt hast du dich in allem wohlgehalten. Nun mußt du Mittel suchen, ihr eines jener Weiber zuzuschicken, die in Bologna mit Spitzen, Börsen und dergleichen hausieren. Laß ihr sagen, du stehest ganz zu ihren Diensten; es sei niemand auf der Welt, den du mehr liebest als sie; du seiest gern bereit, alles für sie zu tun, was ihr gefalle. Dann wirst du hören, was sie dir antworten läßt! Und je nachdem du dann von ihr Bescheid erhältst, so komm wieder hierher und erzähle es mir, und ich werde dir sagen, was du weiter zu tun hast.«

Bucciuolo begab sich schnell hinweg und machte eine Hausiererin ausfindig, die zu diesem Behuf ganz tauglich war.

»Ihr könnt mir einen außerordentlichen Dienst leisten«, sprach er zu ihr, »für den ich Euch gut bezahlen will, daß Ihr mit mir zufrieden sein sollt.«

Die Krämerin antwortete: »Ich will tun, was Ihr von mir fordert, denn ich lebe nur von dem, was ich mir verdiene.«

Darauf gab ihr Bucciuolo zwei Gulden mit der Erklärung: »Nun, so bitte ich Euch, daß Ihr mir heute einmal in die Straße Mascarella geht, wo eine junge Frau Madonna Giovanna wohnt, und die ich über alles in der Welt liebe. Empfehlt mich ihr und sagt ihr, ich sei bereit, alles für sie zu tun, was ihr angenehm sein könnte. Das könnt Ihr dann in allerlei süße Worte einwickeln, wie sie Euch gewiß einfallen. Darum bitte ich Euch so sehr ich weiß und kann.«

Die Alte sagte: »Laßt mich nur machen! Ich will schon den rechten Zeitpunkt finden.«

»Geht«, antwortete Bucciuolo, »ich erwarte Euch hier.«

Die Alte setzte sich gleich mit einem Korb voll Waren in Bewegung und ging damit zu der Frau, die sie unter der Tür sitzend fand, begrüßte sie und sprach sodann: »Madonna, ist Euch vielleicht etwas unter diesen meinen Waren gefällig? Nehmt keck heraus, was Euch gefällt.«

Dabei setzte sie sich zu ihr und begann, ihr Schleier, Börsen, Schnüre, Spiegel und anderes dergleichen vorzuzeigen. Nachdem sie vielerlei gesehen hatte, gefiel ihr unter allem besonders eine Börse und sie sagte: »Wenn ich Geld hätte, würde ich gern diese Börse kaufen.«

Die Verkäuferin entgegnete: »Madonna, darauf braucht Ihr durchaus keine Rücksicht zu nehmen. Wählt, was Euch von meinem Krame irgend gefällt! Es ist mir alles schon bezahlt.«

Die Frau wunderte sich über diese Worte und über die besondere Freundlichkeit der Alten und fragte sie: »Was wollt Ihr damit sagen, gute Frau? Was bedeuten diese Worte?«

Die Alte sprach darauf ganz weinerlich: »Das will ich Euch sagen. Ein Jüngling namens Bucciuolo hat mich hergeschickt. Er liebt Euch und ist Euch mit ganzer Seele ergeben. Es ist nichts auf der Welt, das er nicht für Euch tun würde, wenn es in seiner Macht stünde, und er läßt Euch sagen, daß ihm Gott keine größere Gnade erzeigen könnte, als wenn er ihm ein Gebot von Euch zukommen ließe. In der Tat, mir kommt es vor, als ob er sich ganz verzehrte vor lauter Begierde, mit Euch zu sprechen; und doch habe ich vielleicht nie einen rechtschaffeneren jungen Mann gesehen als ihn.«

Als die Frau diese Worte hörte, wurde sie ganz rot im Gesicht und sagte zu der Alten gewendet: »Wenn mich nicht die Rücksicht auf meine Ehre davon abhielte, so wollte ich Euch übel genug zurichten. Schämst du dich nicht, du garstige Alte, einer ehrbaren Frau solche Botschaft zu hinterbringen? Gott möge dich dafür strafen!«

Bei diesen Worten nahm die junge Frau das Querholz der Tür zur Hand und wollte sie damit schlagen.

»Wenn du je wieder hierher kommst«, rief sie, »so werde ich dich so bedienen, daß nicht mehr viel von dir zu sehen ist.«

Das Mütterchen nahm also behende ihren Kram zusammen, ging ihrer Wege und hatte große Angst, sie möchte jene Stange verschmecken, hielt sich auch nicht für sicher, als bis sie wieder bei Buccuiolo angelangt war. Als Bucciuolo sie vor sich sah, fragte er sie, was sie bringe und wie seine Sache stehe.

»Schlecht steht sie«, antwortete die Alte; »in meinem Leben bin ich nicht so erschrocken. Kurzum sie will nichts von dir hören noch sehen. Und hätte ich mich nicht schnell genug aus dem Staube gemacht, so hätte ich wahrscheinlich eine Türstange zu verspüren gekriegt, die sie in der Hand hatte. Was mich betrifft, so habe ich keine Lust mehr zu ihr zurück und rate auch dir, dich nicht mehr mit diesen Dingen zu befassen.«

Bucciuolo blieb ganz trostlos zurück; dann begab er sich schnell zu seinem Meister und erzählte ihm, was ihm begegnet sei. Der Meister tröstete ihn und sprach: »Beruhige dich, Buccuiolo! Kein Baum fällt auf den ersten Streich. Geh heut abend noch einmal vorbei und gib acht, was sie dir für ein Gesicht macht und ob sie aufgebracht scheint oder nicht! Dann komm wieder und sag es mir!«

Bucciolo machte sich auf und ging nach der Wohnung seiner Geliebten. Diese hatte ihn nicht so bald erblickt, als sie geschwind ihrem Mädchen rief und sprach: »Geh dem Jungen dort nach und sag ihm in meinem Namen, daß er mich heut abend besuche und ja nicht ausbleibe!«

Das Mädchen kam zu ihm und sprach: »Mein Herr, Madonna Giovanna bittet Euch, sie diesen Abend zu besuchen, denn sie wünscht Euch zu sprechen.«

Bucciuolo war betroffen; doch antwortete er und sprach: »Sag ihr, ich werde mit Freuden kommen.«

Alsdann kehrte er schnell zu seinem Meister und hinterbrachte ihm alles. Der Meister wunderte sich und fing an, heimlich zu argwöhnen, ob dies nicht gar seine eigene Frau sei, wie sie es in der Tat war.

»Schön«, sprach er zu Bucciuolo, »und wirst du hingehen?«

Bucciuolo antwortete: »Freilich.«

Da sprach der Meister: »Wenn du dann zu ihr gehst, so rufe doch erst bei mir an!«

Bucciuolo sagte: »Es soll geschehen.«

Damit ging er. Die junge Frau aber war wirklich die Gattin des Meisters. Bucciuolo wußte das nicht, aber der Meister fing schon an, Eifersucht zu empfinden, denn er schlief den Winter über in der Schule, um noch bei Nacht den Studenten Vorlesungen halten zu können, und die Frau war zu Hause allein mit ihrer Magd. Der Meister dachte: Ich möchte doch nicht, daß der auf meine Kosten studierte. Ich muß doch sehen, dahinterzukommen.

Am Abend kam Bucciuolo und sagte: »Meister, ich gehe jetzt.«

Der Meister sagte: »Nun ja, so sei klug!«

Bucciuolo entgegnete: »Laßt mich nur machen!«

Damit verließ er den Meister. Er hatte sich einen dichten Panzer umgeschnallt, ein scharfes Schwert unter dem Arm, einen guten Dolch an der Seite; so ging er nicht wie ein Unbedachtsamer. Als er weg war, folgte ihm der Meister auf dem Fuß, ohne daß Bucciuolo etwas davon merkte. Er kam an die Tür der Dame, und kaum hatte er angeklopft, so schloß sie ihm auf und ließ ihn ein. Als der Meister merkte, daß es seine Frau war, geriet er ganz außer sich und sprach: »Nun sehe ich wohl, der studiert auf meine Kosten.«

Gleich beschloß er, ihn zu ermorden, lief nach der Schule zurück, ergriff ein Schwert und einen Dolch und kam in großer Wut wieder an das Wohnhaus mit dem Vorsatz, sich an Bucciuolo zu vergreifen. Vor der Tür angelangt, begann er mit Ungestüm zu klopfen. Die Frau saß eben mit Bucciuolo am Feuer, und da sie an die Tür klopfen hörte, dachte sie gleich, es sei der Meister, nahm den Bucciuolo und versteckte ihn unter einem Haufen ungetrockneter Wäsche, der auf einem Tische neben dem Fenster lag. Dann lief sie zur Tür und fragte, wer da sei. Der Meister antwortete: »Mach auf! Du konntest dies wohl denken, schlechtes Weib, das du bist!«

Die Frau schloß auf und da sie ihn bewaffnet sah, rief sie: »O Himmel, Herr, was soll das?«

Der Meister sprach: »Du weißt wohl, wen du im Hause hast.«

»Ich Unglückliche«, sagte sie, »was sprichst du? Bist du von Sinnen? Sucht nach und wenn Ihr jemand findet, so vierteilt mich! Wie sollte ich jetzt anfangen, was ich doch nie getan habe? Hütet Euch, lieber Herr, daß Euch nicht der böse Feind etwas vorspiegelt, so daß ihr um Eure Seligkeit kommt!«

Der Meister ließ eine Kerze anzünden und begann im Keller zwischen den Fässern zu suchen, stieg dann empor und suchte die ganze Kammer durch, unter dem Bette, durchstach den Strohsack nach allen Seiten und ließ mit einem Worte auch den kleinsten Winkel des Hauses nicht undurchforscht, ohne daß er doch Bucciuolo finden konnte. Seine Frau ging ihm dabei immer mit dem Licht in der Hand zur Seite und sagte oft: »Lieber Meister, schlagt ein Kreuz, denn gewiß hat Euch der Feind Gottes versucht und Euch eine Sache vorgespiegelt, die nimmermehr geschehen kann; denn wenn nur ein Haar an meinem Leibe nach so etwas verlangte, so brächte ich mich selber um. Darum bitte ich Euch um Gottes willen, laßt Euch nicht betören!«

Wie nun der Meister Bucciuolo nicht fand und die Frau fortwährend so reden hörte, maß er ihr fast Glauben bei, blies bald darauf seine Kerze aus und ging wieder nach der Schule. Die Frau riegelte sodann geschwind die Türe, zog Bucciuolo unter der Wäsche hervor, fachte ein helles Feuer an, bei dem sie dann einen großen fetten Kapaun verspeisten und mehrere Sorten Wein tranken. Während sie so eine vortreffliche Abendmahlzelt hielten, sagte die Frau wiederholt: »Siehst du, dieser, mein Mann, hat sich nicht träumen lassen, wo du seist.«

Nach vielen Scherzen und Kurzweilen nahm ihn die Frau bei der Hand und führte ihn in die Kammer, wo sie miteinander zu Bett gingen und sich in jener Nacht das Vergnügen verschafften, welches beide Teile wünschten, und einander wiederholt gesegneten. Und da die ersehnte Nacht vorüber war und der Morgen anbrach, stand Bucciuolo auf und sagte: »Madonna, ich muß nun von Euch scheiden. Habt Ihr mir noch irgend was zu gebieten?«

»O ja«, sagte sie, »daß du diesen Abend wiederkommst.«

Bucciuolo sagte: »Das soll geschehen.«

Hierauf nahm er Abschied, ging hinaus und kehrte zur Schule zurück, wo er zu dem Meister sagte: »Ich habe Euch etwas zu erzählen, worüber Ihr genug lachen werdet.«

»Wie so?« antwortete der Lehrer.

»Gestern Abend«, sagte Bucciuolo, »als ich bei ihr im Hause war, siehe, da kommt der Mann, sucht das ganze Haus durch und weiß mich doch nicht zu finden. Sie hatte mich unter einem Berg von Wäsche versteckt, die noch getrocknet werden sollte, und kurzum, sie wußte so klug zu sprechen, daß er endlich hinwegging; so daß wir nachher einen dicken Kapaun verzehrten und feine Weine tranken mit der größten Heiterkeit und Wonne, die Ihr Euch nur denken könnt, und so blieben wir munter und machten uns gute Zeit bis zum Morgen. Da ich nun die ganze Nacht wenig geschlafen habe, will ich mich jetzt zur Ruhe legen, denn ich habe ihr versprochen, diesen Abend wieder zu ihr zu kommen.«

Der Meister sagte: »Wenn du hingehst, so künde es mir doch an!«

Bucciuolo antwortete: »Herzlich gern.«

Darauf verließ er ihn. Der Meister aber war ganz von Zorn entbrannt, daß er sich vor Schmerz nicht zu fassen wußte und den ganzen Tag nicht imstande war, eine Vorlesung zu halten, so sehr war sein Herz in Anspruch genommen. Immer dachte er daran, wie er ihn am nächsten Abend erreichen werde, und borgte sich einen Panzer und eine Pickelhaube. Als es an der Zeit war, begab sich der sorglose Bucciuolo zu seinem Lehrer und sagte: »Jetzt gehe ich.«

Der Meister sprach: »Geh nur und komm morgen früh wieder und erzähle mir, wie es dir ergangen ist!«

Bucciuolo antwortete: »Das will ich tun.«

Dann machte er sich ungesäumt auf den Weg nach dem Hause der Frau. Der Meister aber legte alsbald seine Waffen an, folgte dem Bucciuolo fast auf dem Fuße und gedachte ihn noch unter der Tür zu erwischen. Die Frau aber hatte ihren Liebhaber erwartet, ließ ihn ein und verschloß die Tür wieder. Der Meister kam im Augenblick darauf und begann zu pochen und einen gewaltigen Lärm zu machen. Die Frau löschte schnell das Licht aus, schob den Bucciuolo hinter sich, schloß die Tür auf und umarmte ihren Gemahl, während sie mit dem andern Arm den Bucciuolo hinausschob, ohne daß ihr Mann es merkte. Dann fing sie an zu schreien: »Herbei, herbei, der Meister ist toll geworden!«

Dabei hielt sie ihn fest umschlungen. Die Nachbarn liefen auf den Lärm herbei, und da sie den Meister so bewaffnet sahen und die Frau rufen hörten: »Haltet ihn, denn er ist übergeschnappt vom vielen Studieren!«, glaubten sie es und waren der Überzeugung, daß er von Sinnen sei. Sie fingen daher an und sprachen: »Ei, Meister, was soll das bedeuten? Geht zu Bett, um auszuruhen und strengt Euch nicht weiter an!«

Der Meister sagte: »Wie soll ich zur Ruhe kommen, wenn das schlechte Weib einen Mann im Hause hat, den ich selbst hereinschleichen sah?«

Da rief die Frau: »Ich unglückliches Weib! Fragt alle diese Nachbarn, ob sie mir den geringsten Fehltritt nachsagen können!«

Da antworteten Männer und Frauen aus einem Munde: »Meister, habt doch nicht solche Gedanken! Es ward ja nie eine bessere Frau geboren als diese, von reinern Sitten und unbefleckterm Ruf.«

»Was?« rief der Meister. »Wenn ich nun selbst einen hereinschleichen sah und weiß, daß er hier ist?«

Unterdessen kamen zwei Brüder der Frau. Da fing sie gleich an zu weinen und sprach: »Liebe Brüder, seht her, mein Mann da ist übergeschnappt und will mich ums Leben bringen, weil er behauptet, ich habe einen Mann im Hause. Ihr wißt doch wohl, daß ich nicht der Art bin, daß man mir derlei schuldgeben kann.«

Die Brüder sprachen: »Wir wundern uns sehr, wie Ihr unsere Schwester hier ein schlechtes Weib nennen dürft. Was bringt Euch denn heute so plötzlich gegen sie auf, da sie doch schon so lange mit Euch zusammenlebt?«

Der Meister erwiderte: »Ich sage Euch, es ist einer hier im Hause und ich habe ihn selbst gesehen.«

»Wohlan«, antworteten die Brüder, »laßt uns ihn suchen! Und finden wir ihn, so wollen wir so bei ihr aufräumen und sie dergestalt bestrafen, daß ihr zufrieden sein sollt.«

Einer der beiden rief die Schwester beiseit und sprach: »Sage mir die Wahrheit, hast du einen im Hause?«

Die Frau erwiderte: »Weh mir, was sagst du? Der Heiland bewahr mich davor und gebe mir eher den Tod, ehe ich auch nur mit einem Härchen mich so etwas gelüsten lasse. Weh, soll ich jetzt begehen, was nie eine beging aus unserm Hause? Schämst du dich nicht, mich danach zu fragen?«

Den Bruder beruhigte dies sehr und sie begannen nun zugleich mit dem Meister Haussuchung zu halten. Der Meister stürzte plötzlich auf jene Wäsche los und durchbohrte sie, als fechte er mit Bucciuolo, denn er glaubte, da sei er verborgen.

»Hab ichs Euch nicht gesagt«, rief die Frau, »daß der Meister übergeschnappt ist? Die Waschleinwand zu verderben, die ihm nichts zuleid getan hat!«

Da sahen die Brüder, daß der Meister von Sinnen sei; und nachdem sie alles genau durchsucht und nichts gefunden hatten, sagte der eine: »Er ist verrückt.«

Und der andere sprach: »Meister, in der Tat, lieber Meister, Ihr habt sehr unrecht, unsere Schwester als ein schlechtes Weib hinzustellen.«

Darüber geriet der Meister in die äußerste Wut, weil er wußte, was er gesehen hatte, und begann sich mit höchst leidenschaftlichen Worten gegen sie auszulassen, wobei er immer das bloße Schwert in der Hand hielt. Da nahmen die Brüder jeder einen derben Stock in die Hand und prügelten den Meister so reichlich durch, bis sie ihm die beiden Stöcke auf dem Rücken zerbrochen hatten. Dann knebelten sie ihn als einen Verrückten, der, wie sie sagten, vom allzu vielen Studieren übergeschnappt sei, und hielten ihn die ganze Nacht gebunden, während sie sich mit ihrer Schwester zur Ruhe begaben. Am Morgen ließen sie einen Arzt rufen; der verordnete, ihm an der Feuerseite ein Bett zu machen, und befahl, man solle ihn mit niemand reden lassen, ihm auch auf nichts antworten und ihn so lange fasten lassen, bis er wieder bei Verstand wäre; was denn auch pünktlich vollzogen wurde. Das Gerücht verbreitete sich durch Bologna, der Meister sei ein Narr geworden; jedermann bedauerte ihn deshalb und einer sagte zum andern: »Gewiß, ich habe es schon gestern bemerkt, denn er war nicht imstande, unsere Vorlesung zu halten.«

Ein anderer sagte: »Ich sah es ganz, wie er ein anderer Mensch wurde.«

Und also erklärten ihn allesamt für einen Verrückten und verabredeten, ihn miteinander zu besuchen. Bucciuolo wußte von alledem nichts und kam zur Schule, um dem Meister auch seine neuesten Erlebnisse mitzuteilen. Dort angelangt, erfuhr er denn, daß der Meister verrückt geworden sei. Bucciuolo erstaunte und betrübte sich darob gar sehr und begleitete die andern nach dem Hause des Meisters. Da begann er aber sich über die Maßen zu verwundern, ja er sank fast in Ohnmacht, als er erkannte, wie es um die Sache beschaffen sei. Damit aber niemand etwas merke, ging er mit den andern hinein. Im Saale angelangt, sah er den Meister ganz erschöpft und gefesselt am Feuer im Bett liegen. Die Studenten drückten dem Meister alle ihr Beileid aus und erklärten ihm, wie sehr sie sein Unglück bedauern. Als aber die Reihe an Bucciuolo kam, sagte er zu ihm: »Lieber Meister, Ihr tut mir leid wie mein Vater, und wenn ich Euch in irgend etwas gefällig sein kann, so gebietet über mich wie über einen Sohn!«

Der Meister antwortete und sprach: »Bucciuolo, Bucciuolo, lauf mit Gott von dannen! Du hast auf meine Kosten studiert.«

Die Frau fügte hinzu: »Achtet nicht auf seine Worte, denn er faselt und weiß selber nicht, was er spricht.«

Bucciuolo aber ging hinweg, suchte Pietro Paolo auf und

sagte: »Lieber Bruder, gehab dich wohl! Ich habe nun so viel gelernt, daß mir der Appetit vergangen ist.«

Darauf reiste er ab und kam glücklich nach Rom.

DER KAUFMANN VON VENEDIG

Von Giovanni Fiorentino

Um 1375

Im Hause der Scali in Florenz befand sich ein Kaufmann namens Bindo, welcher oftmals in Tana und in Alexandrien gewesen war und alle jene großen Reisen gemacht hatte, welche man des Handels wegen zu machen pflegt. Dieser Bindo war ziemlich reich und hatte drei erwachsene Söhne. Als er zu sterben kam, rief er den ältesten und den mittlern zu sich, machte in ihrer Gegenwart sein Testament und setzte sie beide zu Erben seiner ganzen irdischen Habe ein, während er dem jüngsten nichts hinterließ. Sobald das Testament fertig war, kam der jüngste Sohn, Giannetto mit Namen, welcher davon gehört hatte, zu ihm an das Bett und sagte zu ihm: »Mein Vater, ich wundere mich sehr über das, was Ihr getan habt, indem Ihr meiner in Eurem Testament gar nicht gedachtet.«

Der Vater antwortete: »Mein Giannetto, ich liebe niemand auf Erden mehr als dich; und darum wünsche ich nicht, daß du nach meinem Tode hier bleibest, vielmehr sollst du, sobald ich gestorben bin, nach Venedig gehen zu einem deiner Taufpaten, dem Herrn Ansaldo, welcher keinen Sohn hat und mir schon mehrmals geschrieben hat, ich solle dich ihm schicken. Ich kann dir sagen, daß er der reichste Kaufmann ist, welcher heutzutage in der ganzen Christenheit lebt. Darum ist es mein Wille, daß du, sobald ich gestorben bin, zu ihm gehst und ihm diesen Brief bringst; und wenn du es recht anzugreifen weißt, wirst du ein reicher Mann werden.«

Da sprach der Sohn: »Mein Vater, ich bin bereit, zu tun, was Ihr mir befehlet.«

Darauf gab ihm der Vater seinen Segen und wenige Tage darauf verschied er. Alle seine Söhne erhoben hierüber den heftigsten Jammer und erwiesen dem Leichnam die gebührende Ehre. Wenige Tage später riefen die zwei ältern Brüder den Giannetto zu sich und sagten zu ihm: »Du bist unser Bruder; unser Vater hat zwar ein Testament gemacht und uns zwei zu seinen Erben eingesetzt, ohne deiner irgend zu erwähnen. Nichtsdestoweniger bist du gleichfalls unser Bruder und darum sollst du jetzt, so gut als wir, an dem Vorhandenen Teil haben.«

Giannetto antwortete: »Liebe Brüder, ich danke Euch für Euer Anerbieten. Aber was mich betrifft, so steht mein Sinn dahin, mein Glück draußen in der Welt zu suchen. Dazu bin ich fest entschlossen und darum sollt Ihr das Euch zugeschriebene und gesegnete Erbe behalten.«

Seine Entschlossenheit erkennend, gaben sie ihm ein Pferd und Geld für seine Reisebedürfnisse. Giannetto nahm von ihnen Abschied und ging weg nach Venedig. Er kam in das Warenlager des Herrn Ansaldo und übergab ihm den Brief, welchen ihm sein Vater vor seinem Tode eingehändigt hatte. Als Herr Ansaldo diesen Brief las, erkannte er, daß er der Sohn seines geliebten Bindo war, und sobald er mit dem Lesen fertig war, umarmte er ihn und rief: »Sei mir willkommen, mein teures Kind, wonach ich so sehr verlangt habe!«

Sodann war seine erste Frage nach Bindo, worauf ihm Giannetto antwortete, er sei gestorben. Darüber umarmte und küßte er ihn unter vielen Tränen und sprach: »Wohl tut mir der Tod Bindos sehr wehe, da er mir einen großen Teil dessen, was ich habe, gewinnen half. Aber so groß ist die Freude, die ich nun an dir habe, daß sie jenen Schmerz mildert.«

Er ließ ihn nach Hause führen und befahl seinen Geschäftsleuten, seinen Ladendienern und seinen sämtlichen Untergebenen und Knechten, Giannetto mehr noch zu gehorchen und zu dienen als ihm selbst. Vor allem überwies er ihm die Schlüssel zu seiner ganzen Barschaft und sagte: »Mein Sohn, alles, was hier ist, kannst du verwenden. Du magst dich kleiden und beschuhen nach deinem Geschmack und die Leute der Stadt zum Essen laden, damit du dich bekannt machst. Wie du es angreifen willst, magst du selbst überlegen; ich werde dich aber um so lieber haben, je mehr du weißt dich beliebt zu machen.«

Giannetto fing nun an, mit den venezianischen Edelleuten umzugehen, ein Haus zu machen, Tafel zu halten, Geschenke zu geben, seine Dienerschaft reich zu kleiden, gute Pferde zu kaufen und Wettkämpfe und Ritterspiele zu üben und in allen Stücken sich erfahren und geübt, hochherzig und feingesittet zu erweisen. Auch verstand er wohl, wo es am Platze war, Ehre und Höflichkeit zu erweisen und erzeigte dem Herrn Ansaldo stets mehr Ehre, als wenn er hundertmal sein Vater gewesen wäre. Er wußte sich so klug gegen jede Art von Leuten zu stellen, daß fast jedermann in Venedig ihm zugetan war, da man seine große Klugheit und Anmut und seine unbegrenzte Höflichkeit sah. Männer wie Frauen schienen in ihn verliebt und Herr Ansaldo sah sonst nichts als ihn, so sehr gefiel ihm sein Betragen und seine Aufführung. Darum wurde denn fast kein Fest in Venedig veranstaltet, wozu Giannetto nicht eingeladen worden wäre; so sehr war er bei allen beliebt. Da begab es sich, daß zwei seiner liebsten Gefährten nach Alexandria gehen wollten mit ihren Waren auf zwei Schiffen, wie sie alljährlich zu tun pflegten. Sie sagten es Giannetto und fügten hinzu: »Du solltest dich mit uns des Meeres erfreuen, um die Welt zu sehen und zumal jenes Damaskus und das Land umher.«

Giannetto antwortete: »Wahrhaftig, das würde ich sehr gern tun, wenn mein Vater, Herr Ansaldo, mir dazu Erlaubnis gäbe.«

Jene sagten: »Das wollen wir schon machen, daß er sie dir gibt, und er soll damit zufrieden sein.«

Sogleich gingen sie zu Herrn Ansaldo und sprachen: »Wir wollen Euch bitten, daß Ihr dem Giannetto gefälligst erlauben möget, mit uns auf das Frühjahr nach Alexandrien zu gehen, und daß ihr ihm ein Schiff ausrüstet, damit er ein wenig die Welt sehe.«

Herr Ansaldo sagte: »Ich bin es zufrieden, wenn es ihm Vergnügen macht.«

Jene antworteten: »Herr, es ist sein Wunsch.«

Darum ließ ihm Herr Ansaldo sogleich ein sehr schönes Schiff ausrüsten und es mit vielen Waren beladen und mit Flaggen und Waffen hinlänglich versehen. Und nachdem es fertig war, befahl Herr Ansaldo dem Schiffspatron und der Mannschaft, alles zu tun, was Giannetto ihnen befehle und was ihnen aufgetragen werde. Denn, sagte er, ich sende ihn nicht aus, um Gewinn durch ihn zu machen, sondern zu seinem Vergnügen, damit er die Welt sehe.

Als Giannetto zu Schiffe stieg, lief ganz Venedig hinter ihm her, um ihn zu sehen, da seit langer Zeit kein so schönes und so wohlausgerüstetes Schiff von Venedig weggefahren war. Jedermann bedauerte sein Scheiden. So nahm er und alle seine Gefährten Abschied von Herrn Ansaldo; sie stiegen zu Schiff und zogen die Segel auf und nahmen ihren Weg nach Alexandria in Gottes Namen und ihrem guten Glück vertrauend. Die drei Gefährten fuhren so in ihren drei Schiffen mehrere Tage hin. Da geschah es eines Morgens vor Tag, daß der besagte Giannetto einen Meerbusen mit einem sehr schönen Hafen wahrnahm und den Schiffspatron fragte, wie dieser Hafen heiße. Er antwortete ihm: »Herr, dieser Ort gehört einer Witwe an, welche schon viele Männer zugrunde gerichtet hat.«

Giannetto fragte: »Wie das?«

»Herr«, antwortete jener: »es ist ein schönes, reizendes Weib, welche das Gesetz befolgt, daß jeder, der dorthin kommt, bei ihr schlafen muß, und wenn er mit ihr zu schaffen bekommt, so muß er sie zur Frau nehmen und wird Besitzer des Hafens und des ganzen Landes; bringt er sie aber nicht unter sich, so verliert er alles, was er hat.«

Giannetto dachte ein wenig still bei sich nach und sagte sodann: »Sieh zu, wie du es machst, daß du mich in den Hafen führst!«

Der Patron antwortete: »Herr, bedenkt, was Ihr sagt! Viele sind schon hineingegangen und dadurch auf immer elend geworden.«

Giannetto aber sagte: »Mische dich nicht in fremde Dinge, sondern tue, was ich dir sage!«

So geschah es denn, daß sie plötzlich das Schiff wendeten und in den Hafen einfuhren, ohne daß ihre Gefährten auf den andern Schiffen etwas davon merkten. Am Morgen verbreitete sich nun die Nachricht, wie dieses schöne Schiff in den Hafen gekommen sei, so daß alles Volk herbeilief, es zu sehen und der Frau sogleich darüber Meldung geschah. Sie schickte daher zu Giannetto, welcher unverzüglich zu ihr ging und sie ehrerbietig begrüßte. Sie nahm ihn bei der Hand, fragte ihn, wer er sei, woher er komme und ob er die Sitte des Landes wisse. Giannetto bejahte es und sagte, er sei gerade aus diesem Grunde gekommen.

So seid mir denn hundertmal willkommen, sagte sie, und erwies ihm den ganzen Tag die größte Ehre und ließ viele Barone, Grafen und Ritter einladen, welche sie unter sich hatte, damit sie ihm Gesellschaft leisteten. Allen Baronen gefiel das Betragen Giannettos sehr sowie auch sein gesittetes, einnehmendes und gesprächiges Wesen, so daß fast jeder sich in ihn verliebte. Den ganzen Tag wurde am Hofe getanzt und gesungen und geschmaust dem Giannetto zu Ehren, und jedem wäre es recht gewesen, ihn zum Gebieter zu bekommen. Als nun der Abend kam, nahm ihn die Frau bei der Hand, führte ihn in ihr Schlafgemach und sagte: »Ich glaube, es ist nun Zeit, zu Bett zu gehen.«

Giannetto antwortete: »Edle Frau, ich bin zu Euren Diensten.«

Alsbald kamen zwei Jungfrauen, die eine mit Wein, die andere mit Zuckerbackwerk.

»Ich weiß«, sagte die Frau, »Ihr werdet Durst bekommen haben. Darum trinkt!«

Giannetto nahm von den Süßigkeiten und trank von dem Wein, welcher, ohne daß jener es wußte, so bereitet war, daß er schlafen machte; er trank davon eine halbe Schale, denn er schmeckte ihm; darauf zog er sich sogleich aus und legte sich nieder. Kaum aber hatte er das Bett erreicht, so war er schon eingeschlafen. Die Frau legte sich ihm zur Seite nieder, er merkte es aber nicht bis zum Morgen, als schon die Terzie vorüber war. Darum stand die Frau auf, als es Tag wurde, und ließ anfangen, das Schiff auszuladen, welches sie voll von verschiedenen kostbaren und trefflichen Waren fand. Als nun die Terzie vorüber war, gingen die Kammerfrauen der Dame an das Bett Giannettos, hießen ihn aufstehen und gaben ihm die Weisung, seiner Wege zu gehen, denn er habe das Schiff und alles, was darauf sei, verloren. Darüber schämte er sich, denn er meinte, seine Sachen schlecht gemacht zu haben. Die Frau ließ ihm ein Pferd geben und Geld zur Reise, und so zog er traurig und betrübt von hinnen und wandte sich nach Venedig; daselbst angelangt, mochte er aber aus Scham nicht nach Hause gehen, sondern begab sich in der Nacht zu einem seiner Kameraden, welcher sich sehr verwunderte und sprach: »Wehe, Giannetto! Was ist das?«

Dieser erwiderte: »Mein Schiff scheiterte eines Nachts an einer Klippe, so daß alles zerborst und zerschellte und nach allen Seiten hin getrieben wurde. Ich hielt mich an ein Stück Holz, das mich an das Ufer trieb. So bin ich gerettet worden und hierher gekommen.«

Giannetto blieb einige Tage in dem Hause dieses seines Freundes, welcher sodann einmal dem Herrn Ansaldo einen Besuch machte, ihn aber sehr niedergeschlagen antraf. Herr Ansaldo sagte: »Ich fürchte so sehr für das Leben meines lieben Sohnes, oder daß ihm zur See ein Unglück zugestoßen sei, und ich kann weder Rast noch Ruhe finden, so groß ist die Liebe, die ich zu ihm trage.«

Jener Jüngling erwiderte: »Ich kann Euch von ihm Kunde bringen; er ist auf dem Meere gestrandet und hat all sein Hab und Gut verloren, er selbst aber ist wohlbehalten davongekommen.«

Da sprach Herr Ansoldo: »Gott sei gelobt! Wenn nur er gerettet ist, so bin ich zufrieden. Der Verlust, den er erlitten hat, soll mich nicht grämen. Aber wo ist er?«

Der Jüngling antwortete: »Er befindet sich in meinem Hause.«

Und alsbald brach Herr Ansaldo also auf, um ihn zu sehen. Sobald er Giannetto erblickte, stürzte er sich in seine Arme und sprach: »Mein lieber Sohn, du brauchst dich nicht vor mir zu schämen, denn das kommt ja häufig vor, daß Schiffe im Meere bersten. Darum gräme dich nicht, mein Sohn, denn ich bin zufrieden, daß dir kein Leid widerfahren ist.«

Und hiermit führte er ihn nach Hause, indem er nicht müde werden konnte, ihn zu trösten. Die Neuigkeit verbreitete sich bald durch ganz Venedig und jeder nahm Anteil an dem Verluste, welchen Giannetta erlitten hatte. Nun geschah es, daß kurze Zeit darauf seine Gefährten aus Alexandria zurückkehrten, alle mit reichem Gewinne. Sowie sie angekommen waren, fragten sie nach Giannetto und erfuhren alles. Deshalb liefen sie sogleich hin, ihn zu umarmen, und sagten: »Wie bist du von uns gekommen und wohin bist du gegangen? Wir konnten gar nichts mehr von dir erfahren; wir sind jenen ganzen Tag rückwärts gesegelt, konnten aber dich nicht ansichtig werden, noch in Erfahrung bringen, wo du hingekommen seiest. Wir haben uns darüber so sehr betrübt, daß wir den ganzen Weg nicht wieder froh werden mochten, denn wir glaubten, du seiest gestorben.«

Giannetto antwortete: »Einem Meerbusen gegenüber erhob sich ein heftiger, widriger Wind, welcher mein Schiff in gerader Linie auf eine Klippe trieb, welche nahe am Lande war, so daß ich mit knapper Not selbst mein Leben rettete, denn alles ging drunter und drüber.«

Dies war der Vorwand, welchen Giannetto gebrauchte, um seinen Fehltritt zu verbergen. Und nun veranstalteten sie zusammen eine große Festlichkeit, dankten Gott, daß wenigstens er davongekommen sei, und sprachen: »Mit dem nächsten Frühjahr, wenn es Gottes Wille ist, werden wir wieder gewinnen, was du diesmal verloren hast. Darum laß uns jetzt darauf denken, uns eine gute Stunde zu machen und den Trübsinn zu verscheuchen.«

Und das ließen sie sich dann auch angelegen sein und waren fröhlich und guter Dinge nach ihrer frühern Gewohnheit. Giannetto aber dachte an nichts, als wie er zu jener Frau zurückkehren könne, sann hin und her und sprach bei sich selbst: »Wahrhaftig, ich muß sie zur Frau erhalten, oder ich will dabei sterben.«

So konnte er denn fast gar nicht heiter werden. Darum sagte Herr Ansaldo mehrmals zu ihm: »Scheuche den Trübsinn von dir, denn wir sind ja noch so reich an Hab und Gut, daß wir recht wohl bestehen können.«

»Lieber Herr«, antwortete Giannetto, »ich kann mich nicht beruhigen, wenn ich nicht diesen Weg noch einmal mache.«

Als nun Ansaldo seinen Willen erkannte und die Zeit gekommen war, befrachtete er ein anderes Schiff mit noch mehr Waren als das erste und von noch höherm Werte, so daß er den größten Teil von dem, was er auf der Welt besaß, ihm anvertraute. Als seine Gefährten ihre Schiffe auch mit dem Nötigen ausgestattet hatten, gingen sie mit Giannetto zusammen in See, ließen die Segel blähen und steuerten ihres Weges. Und während mehrerer Tage, da sie schifften, paßte Giannetto beständig, ob er nicht den Hafen jener Frau wiedersehe, welcher der Hafen der Frau von Belmonte hieß. Als man nun in einer Nacht an die Mündung jenes Hafens gelangt war, welcher in einer tiefen Bucht lag, erkannte ihn Giannetto augenblicklich, ließ Segel und Ruder wenden und schlüpfte schnell hinein, ehe noch seine Gefährten auf den andern Schiffen etwas davon bemerkt hatten. Da nun die Herrin des Landes am Morgen aufgestanden war und nach dem Hafen schaute, bemerkte sie die Flagge dieses Schiffes, erkannte sie alsbald, rief eine ihrer Zofen und sprach: »Kennst du diese Flagge?«

Die Kammerfrau erwiderte: »Edle Frau, es scheint das Schiff jenes jungen Mannes zu sein, der vor einem Jahr hier ankam und mit seinen Waren uns einen so großen Reichtum hinterließ.«

Die Dame sprach: »Gewiß, du sagst die Wahrheit. In der Tat, der muß nicht wenig in mich verliebt sein, denn ich habe noch nie einen zum zweitenmal hierherkommen sehen.«

Die Kammerfrau versetzte: »Und ich habe noch keinen höflichern und liebenswürdigern Mann gesehen als ihn.«

Die Frau schickte viele Junker und Knappen nach ihm aus,

welche ihn mit großer Feierlichkeit empfingen, und er selbst begegnete ihnen freundlich und heiter. Und so kam er hinauf in die Burg und vor das Angesicht der Frau. Als sie ihn erblickte, umarmte sie ihn mit großer Lust und Freude, und er umarmte sie wieder mit vieler Ehrerbietigkeit. So verbrachten sie den ganzen Tag in Lust und Wonne, denn die Frau ließ Barone und Frauen in Menge einladen, welche an den Hof kamen, um dem Giannetto zu Liebe eine Festlichkeit zu veranstalten. Fast allen Baronen tat es leid um ihn und sie hätten ihn gern zu ihrem Herrn gehabt wegen seines einnehmenden höflichen Wesens, und fast alle Frauen waren in ihn verliebt, als sie sahen, wie zierlich er sich beim Tanze bewegte und sein Gesicht immer heiter glänzte, so daß jeder meinte, er müsse der Sohn irgend eines großen Herrn sein. Als aber die Dame sah, daß es Zeit war, schlafen zu gehen, nahm sie Giannetto bei der Hand und sagte: »Gehen wir zur Ruhe!«

Darauf gingen sie in die Kammer, setzten sich nieder, und siehe, da kamen zwei Jungfrauen mit Wein und süßem Backwerk; sie tranken und aßen und gingen darauf zu Bette. Sobald er aber im Bette war, schlief er auch ein. Die Frau zog sich aus, legte sich neben ihn nieder, und kurz, er kam nicht wieder zu sich die ganze Nacht. Als der Morgen kam, stand die Frau auf und befahl sogleich, das Schiff abfrachten zu lassen. Sobald nun die Terzie vorüber war, kam Giannetto wieder zu sich und suchte nach der Frau und fand sie nicht. Er fuhr mit dem Kopf in die Höhe und sah, daß es heller Tag war. Deshalb stand er sogleich auf und fing an, sich sehr zu schämen. Dann gab man ihm wieder ein Pferd und Geld auf die Reise und sagte zu ihm: »Geh deiner Wege!«

Voll Beschämung zog er von dannen, traurig und niedergeschlagen, ruhte aber nicht eher, bis er nach vielen Tagereisen in Venedig ankam, wo er bei Nacht in das Haus jenes seines

Freundes eintrat, welcher bei seinem Anblick sich auf das Äußerste verwunderte und sprach: »Weh mir, was ist das?«

Giannetto antwortete: »Da bin ich Unglücklicher. Verwünscht sei mein Schicksal, das mich jemals in dieses Land kommen ließ!«

Darauf erwiderte jener Freund: »Du hast wohl Ursache, es zu verwünschen, denn du hast den Herrn Ansaldo zugrunde gerichtet, welcher der größte und reichste Kaufmann in der Christenheit war, und die Schande ist noch schlimmer als der Schaden.«

Giannetto blieb mehrere Tage in dem Hause dieses seines Freundes verborgen und wußte nicht, was er tun, noch, was er sagen sollte; ja er war fast willens, nach Florenz zurückzukehren, ohne Herrn Ansaldo ein Wort davon zu sagen. Am Ende aber entschloß er sich doch, zu ihm zu gehen, und so tat er auch. Als Herr Ansaldo ihn erblickte, sprang er auf, stürzte ihm entgegen, umarmte ihn und rief: »Sei mir willkommen, mein Sohn!«

Und Giannetto umarmte ihn unter Tränen. Als er alles vernommen hatte, sagte Herr Ansaldo: »Weißt du was, Giannetto? Mache dir darüber nur gar keinen Kummer! Da ich nur dich wieder habe, bin ich zufrieden. Es bleibt uns ja noch so viel übrig, daß wir gemächlich leben können. Es ist nun so des Meeres Brauch, dem einen zu geben, dem andern zu nehmen.«

Die Nachricht von diesem Ereignis verbreitete sich durch ganz Venedig, jedermann sprach von Herrn Ansaldo und beklagte ihn sehr wegen des Verlustes, welchen er erlitten; und Herr Ansaldo sah sich genötigt, viele Besitzungen zu verkaufen, um die Gläubiger zu bezahlen, welche ihm die verlorenen Waren geliefert hatten. Inzwischen kamen Giannettos Reisegefährten mit großen Reichtümern von Alexandria zurück, und kaum in Venedig angelangt, erfuhren sie, daß auch Giannetto zurückgekommen sei, Schiffbruch gelitten und alles verloren habe. Darüber verwunderten sie sich und sprachen: »Das ist der außerordentlichste Fall, der je erhört wurde.«

Darauf gingen sie zu Herrn Ansaldo und zu Giannetto, begrüßten sie herzlich und sagten: »Seid unbekümmert, edler Herr! Das nächste Jahr wollen wir ausziehen und zu Eurem Besten arbeiten, denn wir sind fast schuld an diesem Eurem Verluste, da ja wir es waren, die den Giannetto das erstemal verleitet haben, mit uns zu kommen. Darum bedenkt Euch nicht, und solange wir noch irgend etwas unser nennen, betrachtet es wie Euer Eigentum.«

Herr Ansaldo dankte ihnen und sagte, er habe bis jetzt wohl noch so viel, um nicht darben zu müssen. Da nun aber Giannetto vom Morgen bis zum Abend jenen Gedanken nachhing und nie heiter werden wollte, so fragte ihn einst Herr Ansaldo, was er habe, und erhielt zur Antwort: »Ich werde nicht eher wieder zufrieden sein, bis ich das wieder erworben, was ich verloren habe.«

Da sprach Herr Ansaldo: »Mein Sohn, du darfst mir die Reise nicht noch einmal wagen, denn es ist klüger, wir halten mit dem Wenigen, was wir haben, sparsam Haus, als daß du es weiter aufs Spiel setzest.«

Giannetto versetzte: »Ich bin entschlossen, alles zu tun, was ich vermag, denn ich würde es mir zur größten Schande rechnen, wenn ich die Sache so bewenden lassen sollte.«

Als nun Herr Ansaldo seinen Willen erkannte, entschloß er sich, alles zu verkaufen, was er noch auf der Welt besaß, um ihm ein neues Schiff auszurüsten. So tat er und behielt für sich nichts übrig, stattete aber ein sehr schönes Handelsschiff aus. Und weil ihm noch zehntausend Dukaten fehlten, ging er zu einem Juden nach Mestri und borgte sie von ihm unter der vertragsmäßigen Bedingung, daß, wenn er sie nicht zwischen heute und dem nächstkommenden St. Johannistag im Juni zurückgegeben habe, der Jude ihm ein Pfund Fleisch von seinem Leibe nehmen dürfe, von welcher Stelle ihm beliebe. Herr Ansaldo war damit zufrieden, und der Jude ließ eine gerichtliche Urkunde darüber ausstellen, mit Zeugen und mit allen nötigen Förmlichkeiten und Vorsichtsmaßregeln versehen und dann zahlte er ihm zehntausend Golddukaten aus, mit welchem Gelde sofort Ansaldo das besorgte, was dem Schiffe noch fehlte; und wenn die ersten beiden Fahrzeuge schön waren, so war das dritte noch weit reicher und besser ausgestattet. Die Gefährten rüsteten ebenfalls ihre zwei Schiffe mit dem Vorsatze, daß das, was sie gewinnen würden, ihrem Giannetto gehören solle. Und da die Zeit zur Abreise gekommen war und die Schiffe segelfertig standen, sagte Herr Ansaldo zu Giannetto: »Mein Sohn, du gehst nun und weißt, unter welcher Verpflichtung ich zurückbleibe. Eines aber bitte ich von dir aus, daß, wenn es dir ja übelgehen sollte, es dir doch gefallen möge, zu mir zu kommen, auf daß ich dich vor meinem Tode noch einmal schauen und zufrieden aus der Welt gehen kann.«

Giannetto erwiderte ihm: »Herr Ansaldo, ich will alles tun, womit ich glaube, Euch gefällig zu werden.«

Herr Ansaldo gab ihm seinen Segen und somit nahmen sie Abschied und machten sich auf ihre Reise. Die beiden Gefährten hatten sorgsam acht auf Giannettos Schiff, Giannetto aber ging mit all seinem Dichten und Trachten darauf aus, in der Bucht von Belmonte zu landen. Er beredete daher einen seiner Steuermänner, das Schiff zur Nachtzeit in den Hafen jener Edelfrau zu führen. Danach, als es wieder Tag geworden war und die Gefährten in den andern beiden Schiffen sich umsahen und Giannettos Fahrzeug nirgend gewahren konnten, sprachen sie untereinander: »Gewiß, das ist wieder sein Unglück.«

Sie dachten daher, es bleibe ihnen nichts übrig, als ihren Weg fortzusetzen, und waren darüber sehr verwundert. Als nun das Schiff in den Hafen eingelaufen war, lief alles aus der Burg herbei, um zu schauen, und als sie merkten, daß Giannetto zurückgekehrt war, wunderten sie sich sehr darüber und sprachen: »Das muß der Sohn irgend eines großen Herrn sein, in Betracht, daß er jedes Jahr mit so vielen Waren und so schönem Schiffzeug hier ankommt. Wollte Gott, daß er noch unser Herr würde!«

So wurde er besucht von allen Großen, von den Baronen und Rittern des Landes, und der Frau ward gemeldet, daß Giannetto wieder in den Hafen gekommen sei. Da trat sie an die Fenster des Palastes und sah das prächtige Schiff und erkannte die Flaggen, machte darob das Zeichen des heiligen Kreuzes und sprach: »Wahrlich, es ist ein Wunder, das ist jener Mann wieder, welcher den Reichtum ins Land gebracht hat.« Und damit schickte sie nach ihm. Giannetto ging zu ihr; sie begrüßten sich mit vielen Umarmungen und erwiesen sich Ehre, und den ganzen Tag war man darauf bedacht, Fröhlichkeit und Feste zu üben, man veranstaltete Giannetto zu Liebe ein schönes Turnier, woran viele Barone und Ritter desselbigen Tages teilnahmen. Giannetto wollte auch tiostieren, er tat Wunder der Tapferkeit und nahm sich so gut aus in Waffen und zu Pferde und sein ganzes Wesen gefiel so sehr allen Baronen, daß jeder ihn zum Herrn zu erhalten wünschte. Als es nun am Abend Zeit war, sich zu Bett zu legen, nahm die Frau den Giannetto bei der Hand und sagte: »Laß uns schlafen gehen!«

Er stand schon am Eingang der Schlafkammer, als eine Zofe, welcher es um Giannetto leid tat, sich zu seinem Ohr neigte und ihm zuflüsterte: »Gib dir den Anschein zu trinken, trink aber nicht diesen Abend!«

Giannetto verstand diese Worte, trat in die Schlafkammer

und die Frau sagte zu ihm: »Ich weiß, daß Ihr durstig sein werdet und wünsche daher, daß Ihr trinket, ehe Ihr zu Bette geht.«

Alsbald kamen zwei Mädchen, schön wie zwei Engel, mit Wein und Zuckerbackwerk nach gewohnter Weise und schenkten ein. Giannetto sagte: »Wer könnte sich enthalten zu trinken, wenn er zwei so schöne Jungfräulein sieht?«

Darüber lachte die Frau. Giannetto nahm die Schale und tat, als ob er trinke, schüttete sie aber in den Busen. Die Frau meinte, er habe getrunken, und sagte bei sich selbst: du magst immerhin noch ein anderes Schiff herbeiführen, denn dieses hast du verloren.

Dann ging Giannetto zu Bett, fühlte sich ganz hell und munter und konnte den Augenblick kaum erwarten, bis die Frau ins Bett käme.

Diesmal habe ich sie gefangen, sprach er bei sich selbst. Heute hat sie die Zeche ohne den Wirt gemacht.

Und damit die Frau um so schneller ins Bett käme, tat er, als ob er anfinge zu schnarchen und zu schlafen. Darum sagte die Frau: Nun ist es recht.

Sie zog sich aus und kam an Giannettos Seite. Dieser wartete nicht lange, sondern sobald die Frau unter die Decke geschlüpft war, wandte er sich nach ihr um, umarmte sie und sprach: »Jetzt habe ich, wonach ich mich so lange gesehnt habe.«

Damit gab er ihr den Friedenskuß der heiligen Ehe und sie kam die ganze Nacht nicht mehr aus seinen Armen. Darüber war die Frau mehr als vergnügt, stand am Morgen vor Tag auf, ließ aussenden nach allen Baronen und Rittern und vielen andern in der Stadt und sprach zu ihnen: »Giannetto ist euer Gebieter. Darum denkt darauf, Festlichkeiten zu veranstalten!«

Plötzlich verbreitete sich das Gerücht durch das Land und man rief: »Es lebe der Herr! Es lebe der Herr!«

Die Glocken wurden geläutet und Instrumente geblasen, um das Fest zu verkünden. Man sandte aus nach vielen Baronen und Grafen, welche außerhalb der Burg wohnten, und ließ ihnen sagen: »Kommt, euren Herrn zu sehen!«

Und als Giannetto die Schlafkammer verließ, wurde er zum Ritter geschlagen und auf einen Thron gesetzt, bekam einen Szepter in die Hand und wurde mit großem Triumph und Gepränge zum Herrscher ausgerufen. Und nachdem alle Barone und Frauen an den Hof gekommen waren, heiratete er die Edelfrau mit unbeschreiblicher und unerdenklicher Freude und Lustbarkeit. Alle Barone und Herren des Landes kamen zu dem Feste, um sich zu ergötzen, zu turnieren, zu tiostieren, zu tanzen, zu singen und zu spielen und alle Kurzweil zu treiben, welche zu solchen Festen gehört. Herr Giannetto teilte in seiner Großmut seidene Tücher und andere kostbare Gegenstände, welche er mitgebracht hatte, aus und wurde bald so mannhaft, daß man ihn fürchtete und Recht und Gerechtigkeit von jedermänniglich geübt wurde. In diesem Glück und Wohlleben vergaß und vernachlässigte er aber ganz und gar jenen armen Herrn Ansaldo, welcher sich dem Juden für zehntausend Dukaten verpfändet hatte. Als jedoch Herr Giannetto eines Tages mit seiner Frau an einem Fenster des Palastes stand, sah er eine Schar Männer über den Platz ziehen mit brennenden Kerzen in der Hand, welche sie zum Opfer bringen wollten. Herr Giannetto fragte: »Was hat das zu bedeuten?«

Die Frau versetzte: »Es ist ein Haufen Handwerker, welche nach der Kirche des heiligen Johannes zu opfern gehen, weil heute sein Festtag ist.«

Da gedachte Herr Giannetto des Herrn Ansaldo, hob sich vom Fenster, seufzte schwer auf und ging mehrmals im Saale auf und ab im Nachdenken über diese Sache vertieft. Seine Gemahlin fragte ihn, was er habe.

»Weiter nichts«, versetzte Giannetto. Die Frau begann daher in ihn zu dringen und sagte: »Gewiß, Ihr habt etwas und wollt es nicht sagen.«

Sie ließ auch nicht nach, bis Herr Giannetto ihr erzählte, wie Herr Ansaldo als Pfand für zehntausend Dukaten zurückgeblieben sei.

»Und heute«, fuhr er fort, »läuft die Frist ab und es schmerzt mich sehr, daß mein Vater um meinetwillen sterben soll; denn wenn er ihm heute das Geld nicht erstattet, so muß er ein Pfund Fleisch von seinem Leibe verlieren.«

Die Frau sagte: »Lieber Herr, besteigt schleunigst ein Pferd und reiset geradeswegs zu Lande, so werdet Ihr schneller hinkommen als zur See! Nehmt zur Begleitung mit, wen Ihr wollt, packt hunderttausend Dukaten ein und rastet nicht, bis Ihr in Venedig seid! Und wenn er noch am Leben ist, so führt ihn mit Euch hierher!«

Sofort ließ er plötzlich in die Trompete blasen, stieg zu Pferd mit zwanzig Begleitern, nahm hinlänglich Geld mit und schlug den Weg nach Venedig ein. Unterdessen hatte der Jude, da die Frist verlaufen war, den Herrn Ansaldo festnehmen lassen und wollte ihm ein Pfund Fleisch vom Leibe schneiden. Da bat ihn Herr Ansaldo um die Vergünstigung, daß er seinen Tod noch um einige Tage verschiebe, damit, wenn sein Giannetto komme, er ihn wenigstens noch sehen könne. Der Jude sagte: »Ich bin es zufrieden, Euch Euren Wunsch in Betreff des Aufschubs zu gewähren. Aber wenn er hundertmal käme, so ist es meine Absicht, Euch ein Pfund Fleisch aus dem Leibe zu nehmen, wie die Papiere besagen.«

Herr Ansaldo versetzte, er sei zufrieden. Da sprach ganz Venedig von dem Falle; aber ein jeder hatte Mitleid und viele

Kaufleute vereinigten sich, um die Schuld zu bezahlen, aber der Jude wollte davon nichts wissen, sondern wollte den Mord begehen, um sagen zu können, daß er den größten Kaufmann der Christenheit ums Leben gebracht habe. Indem nun Herr Giannetto eilends heranreiste, zog ihm seine Gemahlin gleich nach, und zwar als Richter verkleidet mit zwei Dienern. In Venedig angelangt, begab sich Herr Giannetto in das Haus des Juden, umarmte Herrn Ansaldo mit vieler Freude und sagte darauf dem Juden, er wolle ihm sein Geld geben, ja noch mehr, so viel er verlange. Der Jude aber antwortete, er wolle gar kein Geld, da er es nicht zur rechten Zeit erhalten habe, vielmehr wolle er ihm ein Pfund Fleisch vom Leibe nehmen. Hier erhob sich nun ein großer Streit und jedermann gab dem Juden Unrecht. Da man aber bedachte, daß es in Venedig allenthalben rechtlich zugehe und daß der Jude seine Ansprüche in vollgültiger, gesetzlicher Form begründet hatte, so wagte ihm niemand anders als mit Bitten zu widersprechen. Darum begaben sich alle Kaufleute Venedigs dahin, um den Juden zu bitten, er aber bestand nur immer hartnäckiger auf seiner Forderung. Nun erbot sich Herr Giannetto, ihm zwanzigtausend Dukaten zu geben, aber er wollte nicht: dann kam er auf dreißigtausend und dann auf vierzigtausend und auf fünfzigtausend und so stieg er bis auf hunderttausend Dukaten. Endlich sprach der Jude: »Weißt du was? Wenn du mir mehr Dukaten anbötest, als diese Stadt wert ist, so würde ich mich doch damit nicht abfinden lassen; vielmehr verlange ich einzig das, was meine Papiere besagen.«

Und so standen die Verhandlungen, siehe, da kam in Venedig diese Dame an, als Richter gekleidet, und stieg in einem Gasthaus ab. Der Wirt fragte einen Diener: »Wer ist dieser edle Herr?«

Der Diener war bereits von der Frau unterrichtet, was er

sagen solle, wenn er nach ihr gefragt würde, und antwortete: »Es ist ein rechtsgelehrter Edelmann, welcher von Bologna kommt, wo er studiert hat, und nun in seine Heimat geht.«

Als der Wirt dies vernahm, tat er ihm viele Ehre an, und während der Richter bei Tisch saß, sagte er zu dem Wirt: »Wie ist denn das Regiment hier in Eurer Stadt?«

Der Wirt antwortete: »Nur allzu gerecht, edler Herr.«

»Wieso?« fiel der Richter ein.

»Das will ich Euch sagen, edler Herr«, entgegnete der Wirt. »Es kam einmal von Florenz ein Jüngling hierher, welcher Giannetto hieß, und ging hier zu einem seiner Taufpaten namens Herr Ansaldo, und er betrug sich so artig und gesittet, daß in der ganzen Stadt Männer und Frauen ihm zugetan waren; ja es ist nie ein Fremder bei uns so allgemein beliebt gewesen wie er. Dieser sein Taufpate nun rüstete ihm dreimal ein Schiff aus und diese drei Schiffe waren vom größten Wert, aber jedesmal war er damit unglücklich, so daß es ihm zuletzt an Geld zur Ausrüstung des Schiffes fehlte. Daher borgte jener Herr Ansaldo zehntausend Dukaten von einem Juden unter der Bedingung, daß, wenn er sie ihm nicht bis zum Sankt Johannistag im nächstkünftigen Monat Juni zurückgegeben habe, der besagte Jude ihm ein Pfund Fleisch vom Leibe schneiden dürfe, wo es ihm beliebe. Nun ist zwar glücklicherweise der Jüngling zurückgekehrt und hat sich erboten, statt der zehntausend Dukaten hunderttausend zu zahlen, aber der arglistige Jude will nicht. Es sind alle rechtschaffenen Leute der Stadt zu ihm gegangen, um ihn mit Bitten zu erweichen, aber es hilft nichts.«

Darauf antwortete der Richter: »Dieser Handel ist leicht zu schlichten.«

Der Wirt versetzte: »Wenn Ihr Euch der Mühe unterziehen wollt, die Sache zu Ende zu führen, so daß der brave Mann nicht sein Leben einbüßt, so würdet Ihr Euch die Gunst und die Liebe des wackersten Jünglings erwerben, der je geboren wurde, und zugleich die aller Leute dieser Stadt.«

Hiernächst ließ der Richter eine Aufforderung bekannt machen, wer irgend eine Rechtsfrage zu schlichten habe, der solle zu ihm kommen, und so wurde auch Herrn Giannetto gesagt, es sei ein Richter von Bologna angekommen, welcher sich jeden Handel zu schlichten erbiete. Darum sagte Herr Giannetto zu dem Juden: »Wir wollen zu diesem Richter gehen!«

»Meinetwegen«, sagte der Jude, »es mag kommen, wer will, ich habe in jedem Falle das Recht, zu tun, was mein Schein besagt.«

Als sie vor den Richter traten und ihm die schuldige Ehrerbietung bezeugten, erkannte der Richter den Herrn Giannetto sogleich, nicht ebenso aber Herr Giannetto den Richter, denn der letztere hatte vermittels gewisser Kräuter seine Gesichtszüge unkenntlich gemacht. Herr Giannetto und der Jude trugen jeder seine Sache und die Gründe dem Richter vor, dieser nahm den Schein, las ihn und sagte darauf zu dem Juden: »Ich wünschte, du nähmest diese hunderttausend Dukaten und gäbest diesen guten Mann los, welcher dir überdies immer dafür verpflichtet sein wird.«

»Daraus wird nichts«, antwortete der Jude.

»Aber«, sagte der Richter, »es wäre dein Bestes.«

Der Jude dagegen beharrte darauf, er wolle sich auf nichts von alledem einlassen. Darauf begaben sie sich insgesamt zu dem Gerichte, das über dergleichen Fälle gesetzt ist, und der Richter verlangte nach Herrn Ansaldo und sagte: »Nun laß ihn vortreten!«

Als er erschienen war, sagte der Richter: »Wohlan, nimm ihm ein Pfund Fleisch, wo du willst und bringe deine Sache zu Ende!«

Da hieß ihn der Jude sich nackt ausziehen und nahm ein Rasiermesser in die Hand, welches er zu diesem Zweck hatte machen lassen. Herr Giannetto aber wandte sich zu dem Richter und sagte: »Herr, darum habe ich Euch nicht gebeten.«

Der Richter antwortete: »Sei getrost, er hat das Pfund Fleisch noch nicht herausgeschnitzelt.«

Gleichwohl trat der Jude auf ihn zu. Da sprach der Richter: »Hab wohl acht, daß du es recht machst! denn wenn du mehr oder weniger als ein Pfund nimmst, so lasse ich dir den Kopf abschlagen. Ferner sage ich dir auch, daß, wenn er dabei nur ein Tröpfchen Blut verliert, du gleichfalls des Todes bist, denn deine Papiere besagen nichts von Blutverlust; auch sprechen sie, daß du ihm ein Pfund Fleisch nehmen darfst, und sonst heißt es von nichts mehr und nichts minder. Darum, wenn du klug bist, ergreifst du die Maßregeln, von welchen du glaubst, daß sie zu deinem Besten gereichen.«

Und sogleich schickte er nach dem Scharfrichter und ließ ihn Pflock und Beil mitbringen und sprach: »So wie ich nur ein Tröpfchen Blut herausfließen sehe, lasse ich dir den Kopf abschlagen.«

Da bekam der Jude Furcht, Herr Giannetto aber fing an, sich wieder zu erheitern. Endlich nach vielem Hin- und Herreden begann der Jude: »Herr Richter, Ihr seid klüger als ich. So laßt mir denn jene hunderttausend Dukaten zahlen und ich bin zufrieden.«

Der Richter aber sagte: »Ich will, daß du dir ein Pfund Fleisch nimmst, wie dein Schein besagt, denn Geld sollst du nicht einen Pfennig erhalten. Du hättest es nehmen sollen, als ich es dir anbot.«

Der Jude stieg herab zu neunzigtausend, dann zu achtzigtausend Dukaten, aber der Richter blieb nur immer fester auf seinem Ausspruch. Da sprach Herr Giannetto zu seinem Richter: »Geben wir ihm, was er verlangt, wenn er nur Herrn Ansaldo frei läßt!«

Der Richter aber versetzte: »Ich sage dir, laß mich gewähren!«

Darauf begann der Jude: »So gebt mir fünfzigtausend Dukaten!«

Der Richter dagegen antwortete: »Ich gebe dir nicht den schlechtesten Stüber, den du je gesehen.«

»So gebt mir«, fuhr der Jude fort, »wenigstens meine zehntausend Dukaten! Verflucht sei Luft und Erde!«

Der Richter aber erwiderte: »Verstehst du mich nicht? Nichts will ich dir geben. Willst du ihm ein Pfund Fleisch nehmen, so nimm es! Wo nicht, so lass' ich deine Papiere aufheben und vernichten.«

Darob waren alle Anwesenden über die Maßen vergnügt. Jeder verspottete den Juden und sprach: »Wer andern eine Grube gräbt, fällt selbst hinein.«

Als nun der Jude sah, daß er das nicht erreichen konnte, was er wollte, nahm er seine Papiere und zerriß sie voll Ärger, und so ward Herr Ansaldo frei und Herr Giannetto geleitete ihn mit großem Jubel nach Hause. Darauf nahm er schnell die hunderttausend Dukaten, eilte zu dem Richter und fand diesen in seiner Kammer beschäftigt, sich auf die Reise zu rüsten. Da sagte Herr Giannetto zu ihm: »Edler Herr, Ihr habt mir den größten Dienst erwiesen, der mir je erzeigt worden ist; darum bitte ich Euch, dieses Geld mit Euch zu nehmen, das Ihr wohl verdient habt.«

Der Richter antwortete: »Mein lieber Herr Giannetto, ich sage Euch großen Dank; aber ich bedarf dessen nicht. Nehmt es mit Euch, daß Eure Frau Euch nicht beschuldige, schlecht gewirtschaftet zu haben.«

Herr Giannetto sagte: »Die ist meiner Treu so großherzig,

feingesittet und rechtschaffen, daß, wenn ich viermal so viel Euch gäbe, sie doch zufrieden wäre; denn sie verlangte, ich solle viel mehr als dies mitnehmen.«

Da fuhr der Richter fort: »Wie seid Ihr denn sonst mit ihr zufrieden?«

Herr Giannetto antwortete: »Es gibt kein Geschöpf auf der Welt, zu dem ich mehr Wohlwollen trüge als zu ihr, denn sie ist so weise und so schön, wie sie die Natur nur zu schaffen vermochte. Und wenn Ihr mir eine Gunst erzeigen wollt und mit mir kommen, um sie zu sehen, so sollt Ihr Euch wundern über die Ehre, die sie Euch antun wird, und mögt Euch überzeugen, ob sie nicht das ist, was ich sage, oder noch mehr.«

Der Richter antwortete: »Daß ich mit Euch komme, das geht nicht an, denn ich habe andere Geschäfte; aber weil Ihr mir sagt, daß es eine so vortreffliche Frau ist, so grüßt sie von mir, wenn Ihr sie seht.«

»Das soll geschehen«, sprach Herr Giannetto, »aber ich wünschte doch, daß Ihr von diesem Geld nehmet.«

Während er so sprach, sah der Richter einen Ring an seinem Finger, weshalb er zu ihm sagte: »Gebt mir diesen Ring! Außerdem will ich keinen Heller.«

Herr Giannetto antwortete: »Ich bins zufrieden, so ungern ich es auch tue, denn meine Frau hat ihn mir geschenkt und mir gesagt, ich solle ihn immer tragen um ihrer Liebe willen; und wenn sie ihn nicht mehr an mir sieht, so wird sie glauben, ich habe ihn einem Weibe gegeben, und so wird sie sich über mich erzürnen und meinen, ich habe eine Liebschaft, während ich ihr doch zugetan bin als mir selbst.«

Der Richter sagte: »Es scheint mir sicher, daß sie Euch zärtlich genug liebt, um Euch hierin zu glauben; sagt ihr nur, Ihr habt den Ring mir geschenkt! Aber vielleicht wolltet Ihr ihn einer alten Buhlschaft hier schenken.«

Herr Giannetto aber versetzte: »Die Liebe und Treue, die ich zu ihr trage, ist so groß, daß es in der Welt keine Frau gibt, mit der ich sie vertauschen möchte, so voll Schönheit ist sie in allen Dingen.«

Und damit zog er den Ring vom Finger und gab ihn dem Richter. Sodann umarmten sie sich und verbeugten sich gegeneinander.

»Tut mir einen Gefallen«, sagte der Richter.

»Verlangt«, versetzte Herr Giannetto.

»Haltet Euch hier nicht auf«, fuhr der Richter fort. »Geht sogleich heim zu dieser Eurer Frau!«

»Es scheint mir eine wahre Ewigkeit«, sagte Herr Giannetto, »bis ich sie wiedersehe.«

So nahmen sie Abschied. Der Richter stieg in eine Barke und ging seines Weges, Herr Giannetto aber gab jenen seinen Gefährten Abendessen und Frühstück, schenkte ihnen Pferde und Geld und hielt so Feste und machte einen Hof mehrere Tage. Dann aber nahm er Abschied von allen Venezianern, nahm den Herrn Ansaldo mit sich und viele seiner alten Kameraden begleiteten ihn. Fast jedermann, Männer und Frauen, weinten aus Rührung über seinen Abgang, so freundlich hatte er sich während seines Aufenthaltes in Venedig gegen alle betragen. So schied er und kehrte nach Belmonte zurück. Nun begab es sich, daß seine Frau mehrere Tage vor ihm ankam und tat, als wäre sie im Bade gewesen. Sie nahm wieder ihre weibliche Kleidung an, ließ große Zubereitungen veranstalten, alle Straßen mit Zendal bedecken und viele Scharen Bewaffneter neu kleiden. Als nun Herr Giannetto und Herr Ansaldo ankamen, gingen ihnen alle Barone und der ganze Hof entgegen und riefen: »Es lebe unser Herr! Es lebe unser Herr!«

So wie sie ans Land stiegen, eilte die Frau, den Herrn Ansaldo zu umarmen, und stellte sich etwas empfindlich gegen Herrn Giannetto, obwohl sie ihn mehr liebte als ihr Leben. Es wurde ein großes Fest veranstaltet mit Turnieren, Waffenspiel, Tanz und Gesang, woran alle Barone, Frauen und Fräulein, so daselbst waren, teilnahmen. Als jedoch Herr Giannetto sah, daß ihm seine Gemahlin kein so freundliches Gesicht machte wie sonst, trat er in sein Gemach, rief sie zu sich und sprach: »Was hast du?«

Dabei wollte er sie umarmen. Die Frau aber sagte: »Du brauchst mir keine solche Liebkosungen zu machen; ich weiß wohl, daß du in Venedig deine alten Buhlschaften wieder aufgesucht hast.«

Herr Giannetto begann sich zu entschuldigen, die Frau aber fuhr fort: »Wo ist der Ring, den ich dir gab?«

Herr Giannetto antwortete: »Da haben wirs nun, wie ich mir vorstellte. Ich sagte doch gleich, du werdest Böses dabei denken. Aber ich schwöre dir bei meinem heiligen Glauben und bei meiner Treue zu dir, daß ich den Ring jenem Richter gegeben habe, welcher mich den Prozeß gewinnen machte.«

Die Frau aber sagte: »Und ich schwöre dir bei meinem heiligen Glauben und bei meiner Treue zu dir, daß du ihn einem Weibe gegeben hast; ich weiß es gewiß und doch scheust du dich nicht, so zu schwören.«

Herr Giannetto fügte hinzu: »Ich flehe zu Gott, mich augenblicklich von dieser Welt zu vernichten, wenn ich dir nicht dir Wahrheit sage, ja, daß ich es schon dem Richter gesagt habe, als er mich darum gebeten.«

Die Frau sagte: »Du hättest ja noch dort bleiben und Herrn Ansaldo allein hierherschicken können, derweil du dich mit deinen Liebschaften ergötztest; denn ich höre, sie haben alle geweint, als du weggingst.«

Da hub Herr Giannetto an zu weinen, war in schwerer Not

und sprach: »Du tust einen Eid auf etwas, was nicht wahr ist und nicht wahr sein kann.«

Als aber die Frau ihn weinen sah, war es ihr, als bekäme sie einen Messerstich in das Herz, stürzte plötzlich in seine Arme und fing an, laut aufzulachen. Sie zeigte ihm den Ring und sagte ihm alles, wie er mit dem Richter gesprochen habe und daß sie der Richter gewesen sei und auf welche Weise er ihr den Ring gegeben. Darüber war Herr Giannetto aufs äußerste verwundert, und da er dennoch die Wahrheit ihrer Rede erkannte, fing er an, über die Maßen fröhlich zu werden. Er trat aus dem Gemach und erzählte es einigen seiner Barone und Gefährten. Und die Liebe zwischen ihnen beiden wuchs und mehrte sich auch dadurch. Hernach rief Herr Giannetto die Kammerfrau zu sich, welche ihm an jenem Abend die Weisung gegeben hatte, nicht zu trinken, und gab sie dem Herrn Ansaldo zur Frau. So blieben sie lange Zeit in Glück und Fröhlichkeit bis an ihr Ende.

DIONIGIA

Von Giovanni Fiorentino

Um 1375

Ein König von Frankreich hatte eine Tochter mit Namen Dionigia, schön und reizend, wie nur eine Frau ihrer Zeit, und ihr Vater wollte sie, als sie zu vermählen war, wegen seines vielen Geldes einem hohen Herrn in Deutschland geben, welcher siebzig Jahre alt war, aber das Mädchen wollte ihn nicht, obgleich ihr Vater sich anschickte, ihr ihn wider ihren Willen zu geben. Da dachte das Kind an nichts anderes, als wie sie Mittel und Wege fände zu fliehen; sie verkleidete sich also einst bei Nacht als Pilger, beschmierte sich das Gesicht mit Kräutern, welche die Farbe änderten, nahm einige kostbare Steine, welche ihr ihre Mutter bei ihrem Tode vermacht hatte, und machte sich auf den Weg nach der Küste. Sie erreichte auch wirklich das Meer, stieg auf ein Schiff und fuhr hinüber nach der britischen Insel. Aber der König, ihr Vater, als er am Morgen die Tochter nicht fand, ließ die ganze Stadt nach ihr durchsuchen und das ganze Reich, und da er sie nicht fand, dachte er, sie habe sich aus Schmerz einen Tod angetan. Nachdem das Kind ans Land gestiegen war, machte sie sich auf nach einer Stadt und gelangte an ein Kloster, das reichste dieser Insel, dessen Priorin war eine Base des Königs des Landes. Bei ihrer Ankunft sagte das Mädchen zu der Priorin, sie möchte gern Nonne werden. Die Priorin aber fragte sie, wer sie sei, wessen Tochter und woher sie komme. Sie antwortete, sie sei die Tochter eines Bürgers aus dem Königreich Frankreich, ihr Vater und ihre Mutter sei gestorben und nachdem sie einige Reisen gemacht, wolle sie sich nun dem Dienste Gottes weihen. Als die Priorin ihr mildes und freundliches Wesen bemerkte, kam sie auf den Gedanken, sie als Schülerin und teilweise zur Dienstleistung anzunehmen, und sprach: »Liebe Tochter, ich nehme dich gern an; vorerst aber wird es gut sein, wenn du unsere Regel und Lebensweise versuchst; wenn dir dann das Haus gefällt, so kannst du das Kleid nehmen.«

Dionigia war sehr vergnügt, sie trat in das Kloster ein und fing an mit solcher Demut der Priorin und den anderen Schwestern zu dienen, daß alle Bewohnerinnen des Klosters die größte Liebe zu ihr faßten und sich über ihre Schönheit und ihr Betragen wunderten.

Fürwahr, sagten sie, das muß ein hohes Edelfräulein sein.

Nun begab es sich nach kurzer Zeit, daß der König von England, dem noch nicht lange sein Vater gestorben war, in seinem Lande umherreiste und auch an dieses Kloster kam, um seine Base, die Priorin, zu besuchen, und es wurde ihm von ihr die feierlichste, ehrenvollste Aufnahme veranstaltet. Während er nun dort verweilte, kam ihm Dionigia zu Gesicht, die denn auch einen so tiefen Eindruck auf sein Gemüt machte, daß es nicht zum Sagen ist. Er fragte die Priorin, wer sie sei; diese antwortete ihm mit der Erzählung, wann und wie sie hergekommen sei und wie sie sich aufführe. Da kam er auf den Gedanken, sie zur Frau zu nehmen, und teilte dies der Priorin mit, welche aber erwiderte, sie sei damit nicht einverstanden, denn sie wisse ja nicht, wer das Mädchen sei, und für ihn zieme sich eine Königs- oder Kaiserstochter.

»Ganz sicher«, entgegnete er, »ist sie die Tochter eines hohen Herrn, nach ihrem Betragen, ihren Sitten und ihrer Schönheit zu schließen.«

»Das ist sie nicht«, antwortete die Priorin.

»Nun«, versetzte der König, »so will ich sie so, wie sie ist, sei sie auch wer sie wolle.«

Die Priorin ließ sie rufen und sprach zu ihr: »Dionigia, unser Herrgott hat dir ein großes Glück bereitet. Höre, inwiefern! Der König von England begehrt dich zur Frau.«

Als sie das hörte, verfärbte sie sich und sagte, sie wolle das unter keiner Bedingung, sondern wolle Nonne bleiben und bitte sie, ihr nicht mehr von derlei Dingen zu sprechen. Die Priorin meldete dies dem König, er aber blieb dabei, jedes Hindernis beseitigen und sie unter allen Umständen zur Frau nehmen zu wollen. Als die Priorin ihn so entschlossen sah, lockte und schmeichelte sie ihr so lange, bis sie einwilligte, und so heiratete er sie in Gegenwart der Priorin, beurlaubte sich sodann mit seiner Frau von ihr und begab sich nach London, wo er in seinem Palaste die größte Feierlichkeit veranstaltete. Er lud alle seine Barone ein, und als diese die große Schönheit sahen, die ausgezeichnete Sittsamkeit und das feine Benehmen, so war keiner unter ihnen, der sich nicht in sie verliebt hätte. Aber die Mutter des Königs wollte sich, da er eine solche Frau genommen, nicht bei der Hochzeit einfinden und zog sich mit großem Ingrimm auf ihre Besitzungen zurück. Dionigia brachte es allmählich durch ihr Betragen dahin, daß der König ihr mehr als sich selber zugetan war. In kurzer Zeit ward sie schwanger, der König aber, ihr Gemahl, mußte mit einem starken Heere nach einer Insel übersetzen, welche sich empört hatte. Darum nahm er Abschied von seiner Gemahlin und befahl seinem Vizekönig, für sie zu sorgen und sie in Ehren zu halten als Königin, auch ihm kund zu tun, wie es ihr bei der Geburt ergehe. Damit entfernte er sich von England. Als die Zeit erfüllt war, gebar die Frau zwei Knäblein, und der Vizekönig schrieb es seinem Herrn; der Überbringer des Briefes aber kam an das Schloß, wo die Mutter des Königs wohnte, kehrte daselbst ein und gab der Mutter des Königs Nachricht von der Geburt der zwei Knäblein. Dies verdoppelte ihren Grimm, und als der Eilbote in der Nacht schlief, vertauschte sie die Briefe, die er bei sich führte, und schrieb, es seien zwei der garstigsten und mißgestaltetsten Äffchen zur Welt gekommen, die man je sehen könne. Am folgenden Tage erwies man dem Boten viel Ehre und entließ ihn mit dem Auftrag, er solle bei seiner Rückreise wieder hier einsprechen. Er gab das Versprechen und ritt hinweg. Als er endlich zu dem Heere kam, behändigte er seinem Herrn den falschen Brief. Als der König es las und die Geschichte erfuhr, war er sehr erstaunt, schrieb aber nichtsdestoweniger an seinen Vizekönig, er solle sie aufziehen und nicht unterlassen, seine Gemahlin bis zu seiner demnächst erfolgenden Rückkehr wert zu halten. Er fertigte denselben Boten mit Briefen ab, war aber doch sehr bekümmert. Der Eilbote nahm die Briefe und machte, wie er versprochen hatte, seine Rückreise wieder über das Schloß, wo die Mutter seines Gebieters wohnte, und ruhte daselbst aus. In der Nacht aber, während er schlief, nahm die Frau die Briefe ihres Sohnes, las sie, und als sie darin nichts von dem Tode ihrer Schwiegertochter fand, war sie sehr betrübt. Sie schrieb daher statt des echten einen andern Brief des Inhalts: Angesichts dieses nimmst du meine Frau mit den zwei Kindern, und da ich weiß, daß es nicht meine Kinder sind, bringst du sie um samt ihr.

Diesen Brief steckte sie dem Boten, der noch schlief, in seine Tasche, und am Morgen entließ sie ihn unter vielen Liebesbezeugungen. Der Eilbote wußte von allem nichts, nahm Abschied und übergab bei seiner Heimkunft dem Vizekönig den Brief. Als dieser ihn gelesen, war er sehr verwundert und fragte den Boten, wer ihm den Brief gegeben habe. Dieser antwortete: »Der König selbst. Und er war ganz bestürzt, als er las, was ihr ihm berichtet.«

Als der Vizekönig diese Nachricht vernahm, brach er in heftiges Weinen aus und mit Tränen in den Augen begab er sich zu der Königin, zeigte ihr den Brief und sprach: »Leset, meine Gebieterin!«

Als die Königin diesen Brief gelesen hatte, fing sie an heftig zu weinen und sprach: »Ach, mein unglückliches Leben, daß ich doch keine gute Stunde haben sollte!«

Dann nahm sie ihre Kinder in die Arme und rief: »Liebe Kinder, mit welch' herbem Geschick seid ihr doch in die Welt gekommen! Was habt ihr für ein Verbrechen begangen, um dessen willen ihr sterben mußtet?«

So schlug sie den größten heftigsten Jammer auf und küßte ihre armen Kinderchen, welche schön waren wie Sterne. Der Vizekönig erhob mit ihr die heftigste Klage und wußte nicht, welchen Entschluß er fassen sollte.

»Gnädige Frau«, sprach er endlich, zur Königin gekehrt, »was wollt Ihr tun? Was wollt Ihr, daß ich tue? Ihr seht, was mein Gebieter schreibt; nichtsdestoweniger würde ich nimmermehr wagen, Hand an Euch zu legen; darum nehmt heimlich Eure Kinder, ich will Euch bis an den Hafen begleiten, dort schifft Euch ein, und Gott sei Euer Führer! Das Geschick wird Euch irgendwohin bringen, wo Ihr vielleicht glücklicher seid.«

Sie war damit einverstanden und in der folgenden Nacht nahm sie heimlich ihre Kinder mit hinweg, begab sich nach dem Hafen, wandte sich zu einem Seemann und sprach: »Nimm mich auf dein Schiff und bring mich nach Genua! Du sollst bezahlt werden.«

Der Vizekönig empfahl sie dem Seemann, gab ihm Geld und nahm unter Tränen Abschied. Das Schiff ging unter Segel und trug in kurzer Zeit die trauernde Frau nach Genua. Dort verkaufte sie einige Kleinodien, die sie bei sich hatte, nahm zwei Ammen und zwei Kammerfrauen an und verfügte sich weiter nach Rom, wo sie ihre zwei Söhne sehr sorgfältig erziehen ließ. Der eine hieß Carlo, der andere Lionetto. Sie lebte in sittsamer Zurückgezogenheit und widmete sich der Erziehung dieser ihrer Söhne, welche, an Tugend und Alter wachsend, alle, die sie kannten, in Erstaunen setzten. Die Mutter ließ sie von guten Lehrmeistern unterrichten und sie mußten alle schönen Wissenschaften lernen, welche Edelleuten zu wissen ziemt. Als sie heranwuchsen, brachte sie dieselben auch an den päpstlichen Hof, ohne zu sagen, wessen Söhne sie waren. Als der Papst von dem frommen und sittsamen Leben dieser Frau hörte und die Schönheit und das anständige Betragen dieser ihrer Söhne sah, liebte er sie sehr und gab ihnen ein reichliches Einkommen, so daß sie Diener und Pferde halten und stattlich leben konnten. Nun wollte der Papst einen Kreuzzug anstellen gegen die Sarazenen im heiligen Lande und bot alle Könige und Herren der Christenheit auf, worunter er den König von Frankreich und den König von England namentlich nannte, sie möchten in eigener Person nach Rom kommen, um ihren Rat zu vernehmen in betreff dieses Zuges. So fanden sich denn die beiden Könige auf Befehl des Papstes in Rom ein. Vorher ist aber noch zu wissen, daß der König von England, als er von der Wiedereroberung der empörten Insel zurück in London anlangte, den Vizekönig gleich nach seiner Frau und seinen Kindern fragte. Er erhielt zur Antwort, es sei mit ihnen nach dem Inhalt seines Briefes verfahren worden, ja, er habe noch weniger getan, denn während er ihm geschrieben habe, er solle sie umbringen, habe er sie nur weggeschickt, und zum Zeugnis dessen zeigte er ihm die Briefe. Darüber war denn der König sehr erschrocken und wollte wissen, wer etwa solches veranlaßt habe. Als er sich überzeugt hatte, daß seine Mutter daran schuld sei, ermordete er sie in der Aufregung des Zornes und schickte dann nach vielen Ländern hin, um seine Gemahlin zu suchen, und als man ihm meldete, sie habe ihm zwei so schöne Söhne geboren, wollte er umkommen vor Schmerz, und es dauerte lange Zeit, bis man wieder mit ihm sprechen konnte; heiter aber wurde er nie wieder, so groß war seine Liebe zu der Frau, die er so elendiglich verloren hatte. Als er nun diesen Befehl vom Papst erhalten hatte, sich nach Rom zu verfügen mit dem König von Frankreich, reiste er ab, begab sich nach Frankreich und setzte dann in Begleitung des Königs von Frankreich seinen Weg nach Rom fort, wo sie vom Papst sehr liebevoll aufgenommen wurden. Während sie nun in Rom umhergingen, wurden sie von der Frau erkannt, der eine als ihr Bruder (denn der Vater war unterdessen gestorben), der andere als ihr Gemahl. Da stellte sie sich dem Papst vor und sprach: »Seligster Vater, Eure Heiligkeit weiß, daß ich Euch niemals eröffnen mochte, von wem diese meine Söhne abstammen und wer ich bin. Jetzt aber ist die Zeit gekommen, um eines wie das andere zu tun. So soll es denn geschehen und mag daraus erfolgen, was Eurer Heiligkeit gut dünkt. So wisse denn Eure Heiligkeit, daß ich die Tochter des früheren Königs von Frankreich bin und die Schwester dessen, der gegenwärtig in Rom sich aufhält. In meinem kecken Übermut bin ich, weil mein Vater mich an einen alten Mann gegen meine Neigung vermählen wollte, davongelaufen und nach England in ein Kloster gegangen. Als aber der König von England mich erblickte, faßte er Liebe zu mir und nahm mich zur Frau, ohne zu wissen, wer ich war. Nach kurzer Zeit gebar ich ihm diese zwei Kinder; er aber, der damals aus dem Reiche abwesend war, gab den Befehl, mich mit den armen Knaben umzubringen, die er nicht als die seinigen anerkannte. Durch Vermittelung eines seiner Beamten gelang es mir jedoch zu entkommen und ich floh hierher, wo ich seitdem der Erziehung der unglücklichen Söhne lebte, wie Eure Seligkeit weiß.«

Hier schwieg sie. Der Papst sprach ihr Mut zu und entließ sie. Sodann schickte er nach den zwei Königen und den Söhnen und sprach zu dem König von Frankreich also: »Kennt Ihr diese Knaben, durchlauchtigster König?«

Dieser erwiderte: »Fürwahr nein.«

Er fragte ebenso den andern und erhielt die gleiche Antwort. Da wandte sich denn der Papst zu dem König von England und zu dem andern, tat ihnen den Stand der Sache kund und stellte sie beiden, dem einen als Söhne, dem andern als Neffen, vor. Sie nahmen sie mit der größten Freude und Heiterkeit auf, und als sie nach der Mutter fragten, ließ der Papst sie kommen. Als sie eintrat, umarmte sie aufs herzlichste ihren Bruder, ohne ihren Mann zu beachten. Auf die Frage, warum sie das tue, antwortete sie: »Dazu habe ich wohl Grund nach der Grausamkeit, mit welcher du gegen mich verfahren bist.«

Der König erzählte ihr weinend, wie die Sache gegangen sei, wer die Schuld trage und welche Rache er dafür genommen. Nun ließ sich die Frau die Entschuldigung gefallen und sie waren höchst erfreut und verweilten in dieser Freude in Rom mehrere Tage auf das heiterste. Als sie nun aber der Papst von dem Befehle eines Kreuzzuges entbunden, ordneten sie ihre Abreise an. Die Frau sagte zu ihrem Mann: »Ich gebe dir diese Jünglinge als deine Söhne und befehle sie dir. Geh hin mit Gott! Ich will hier bleiben zum Heil meiner Seele und mich von der Welt zurückziehen.«

Ihr Gemahl antwortete: Er werde nimmermehr von Rom abreisen ohne sie, und so entstand zwischen ihnen ein heftiger Streit. Aber der Papst und der König von Frankreich, ihr Bruder, baten sie so lange, bis sie mit ihrem Gatten die Rückreise antrat, und so war dieser der glücklichste Herr von der Welt. Sie nahmen Abschied vom Papst, reisten hinweg und begaben sich mit dem König von Frankreich nach Frankreich, wo große Festlichkeiten angestellt wurden, und von dort gingen sie weiter nach England.

DIE VERGIFTUNG

Von Giovanni Fiorentino

Um 1375

In der Romagna lebte vor Zeiten ein sehr reicher Edelmann, welcher einen durch Kenntnisse und jeden andern Vorzug geschmückten Sohn besaß. Als dessen Mutter gestorben war, hatte der Vater sich eine andere Frau beigetan und mit ihr einen zweiten Sohn gezeugt, welcher bereits zwölf Jahre alt war, als der ältere Sohn zweiundzwanzig zählte. Die Stiefmutter nun, mehr mit Reizen als mit guten Sitten geschmückt, ließ sich von der Schönheit des Stiefsohnes so sehr blenden, daß sie sich heftig in ihn verliebte. Dieses Weib hüllte zwar die Liebe in tiefes Schweigen, solange im Beginne noch ihre Kräfte der Sache gewachsen waren; als aber die fluchwürdige Glut ihr Mark und Leben durchdrang, sah sie sich genötigt, der Liebe nachzugeben, sie stellte sich körperlich leidend, um die Wunde des Herzens zu verdecken, und tat, als wäre sie von einem schleichenden Fieber befallen. Am Ende nun ließ sie, getrieben von ihren feurigen Wünschen, durch eine Dienerin ihren Stiefsohn rufen. Dieser, welcher an alles andere dachte als an so etwas, trat in ihr Gemach und befragte sie mit freundlicher Miene um die Ursache ihrer Krankheit. Diese Worte kamen der Frau eben recht, sie ward etwas kühner, bedeckte ihr Gesicht aus Scham mit einem Bettuche und hub an, indem sie ihre Worte mit einer reichen Masse von Tränen begleitete, also zu sprechen: »Die Ursache und der Anfang meines jetzigen Übels und meines so heftigen Schmerzes, aber auch meine Arznei und Heilung, das bist du selber. Diese deine glänzenden Augen sind durch meine Augen bis in die Kammern meines Herzens gedrungen und haben in meinem armen Busen ein solches Feuer entzündet, daß ich es nicht mehr aushalten kann. Habe daher Erbarmen mit einem Weibe, das um deinetwillen umkommt! Laß dich nicht zurückschrecken von dem Verwandtschaftsbande mit deinem Vater, denn du kannst ja derjenige werden, der ihm seine arme Gattin erhält, die ohne deinen Beistand ihr Leben nicht mehr fristen kann, die in dir sein Bild wiedererkennt und in deinen Zügen und mit Recht ihren Gatten liebt. Da wir beide hier allein sind, haben wir alle Sicherheit und Bequemlichkeit, welche du verlangst. Was geschieht, ohne daß es jemand erfährt, ist fast ebensogut, als wenn es nicht geschähe.«

Dem wohlgesitteten Jüngling schwindelte es ganz vor Entsetzen, als er dieses empörende Ansinnen vernahm; aber obgleich er diese greuliche Sünde so höchlich verabscheute, daß er gern ihr aus den Augen gegangen wäre, ohne ihr weiter zu antworten, so schien es ihm doch nach besserer Überlegung nicht geraten, sie mit einer so plötzlichen, abschlägigen Antwort aufzubringen, vielmehr dachte er, es wäre passender, sie durch einen Aufschub hinzuhalten, um zu versuchen, ihr einen so unreinen und seltsamen Gedanken aus dem Sinn zu schlagen. Darum antworte er ihr, sie solle nur sorgen, gesund zu werden, und gutes Muts sein; er verspreche ihr, ihre Liebe aufs beste zu belohnen. Mit diesen Worten beschwichtigte er sie für den Augenblick. Da nun der Jüngling bei sich erwog, daß bei einer so außerordentlichen Not auch eine ungemeine Abhilfe nötig sei, so erachtete er es für angemessen, die ganze Sache einem verständigen Greise anzuvertrauen, bei welchem er seine Kindheit nützlich zugebracht hatte und der noch jetzt ihn durch die Fährnisse der Jugend leitete. Der Meister wußte wohl, was ein rasendes Weib vermag, und glaubte daher, man müsse mit schnellen Schritten dem drohenden Sturme des grausamen Schicksals entfliehen. Doch ehe noch die kluge Überlegung ins Werk gesetzt werden konnte, wußte das ungeduldige junge Weib, welchem ein einziger Tag in Erwartung auf die Erfüllung ihres schändlichen Verlangens so lang währte wie ein Jahr, es dahin zu bringen, daß sie ihrem Mann die Ansicht einredete, es wäre gut, wenn er auf eine ihrer Besitzungen ginge, da sie gehört habe, es gehe dort nicht zu, wie es sollte; auf diese Art trieb sie ihn auf mehrere Tage aus dem Hause. Als der Gatte fort war, belästigte sie stündlich den Jüngling mit der Mahnung, er solle sein Versprechen erfüllen. Dieser aber ergriff bald diese, bald jene Entschuldigung und legte es darauf an, ihre Lust so lange mit Worten zu befriedigen, bis er sich durch eine von ihm beabsichtigte lange Reise aus ihrem Bereich entfernen könnte. Die Frau, welche die starke Hoffnung mehr als gewöhnlich ungeduldig gemacht und welche an den bedeutungslosen Entschuldigungen gemerkt hatte, daß er, je mehr er versprach, um so mehr sich von der Erfüllung von irgend was entfernte, wurde unwillig und verwandelte plötzlich die verbrecherische Liebe in einen noch weit ruchlosern Haß. Sie beriet sich mit einem ihrer Sklaven, dem sie großes Vertrauen schenkte, welchen Weg sie einschlagen müsse, um sich an ihm zu rächen, der ihr seine Zusage nicht halten wollte; und sie beschlossen endlich, dem armen Jüngling mit Gift das Leben zu nehmen. Der bübische Sklave zögerte nicht, diesen grausamen Vorsatz zur Ausführung zu bringen, sondern ging alsbald aus dem Hause und kehrte erst abends spät zurück mit einem Getränk in einem Becher; er vermischte es in dem Schlafzimmer der Frau mit Wein und stellte es in einen Schrank, wo sich die Eßwaren befanden, mit der Absicht, es am folgenden Morgen beim Frühstück dem unglücklichen jungen Mann vorzusetzen. Das Schicksal aber wollte es anders und der Sohn jenes bösen Weibes, welcher, wie gesagt, zwölf Jahre alt war, kam am Morgen aus der Schule zurück, verzehrte einen kleinen Imbiß und fühlte darauf Durst. Da ihm nun jenes Glas mit dem giftigen Gebräu in die Hände fiel, welches aus Fahrlässigkeit in dem Schrank unverschlossen stehen geblieben war, trank er es ganz aus und sank bald darauf wie tot zu Boden. Als das Gesinde diesen Fall bemerkte, machte man Lärm, die Mutter lief hinzu und man kam gleich auf den Gedanken, der Knabe sei vergiftet. Die Mutter ging mit dem Diener, welcher das Getränk gekauft hatte, beiseite, sie sprachen heimlich miteinander und beratschlagten, die Schuld des Verbrechens auf den ältern Sohn zu schieben. Infolgedessen erklärte der Diener öffentlich, er wisse gewiß, daß der ältere Sohn es sei, welcher die Untat begangen habe, denn er habe ihm vor wenigen Tagen erst fünfzig Taler versprochen, wenn er ihn umbringen wolle; da er jedoch hierzu sich nicht herbeigelassen habe, so habe jener ihm mit dem Tode gedroht, wofern er irgend jemand davon sage. Die Frau ließ alsbald Häscher kommen und kraft der von dem Knechte gemachten Anzeige ihren Stiefsohn ins Gefängnis führen. Darauf schickte sie einen Boten an ihren Gatten, um ihn von dem Vorfall in Kenntnis zu setzen. Ihr Gemahl kam sogleich herbei und sie ließ ihm von dem Diener das Zeugnis vorsagen, welches er schon früher abgelegt hatte. Sodann fügte sie selbst hinzu, sein Sohn habe dies getan, weil sie seinem wollüstigen Begehren nicht habe Folge geben wollen, und er habe sie überdies auch mit dem Tode bedroht. Der unglückliche Vater beklagte sich heftig, als er sah, wie man den jüngsten Sohn zu Grabe trug, während der andere als Brudermörder der Todesstrafe verfallen sei; und getäuscht von dem heuchlerischen Jammergeschrei seiner Frau entflammte sich sein Zorn immer mehr gegen seinen Sohn. Kaum war die Leichenfeier zu Ende, als der beklagenswerte Vater vom Grabe hinwegeilte und so, wie er war, mit verweintem Gesicht nach dem Rathause ging, woselbst er mit Tränen und inständigen Bitten auf den Tod seines nunmehr einzigen

Sohnes drang, den er einen Blutschänder nannte, weil er das Bett seines Vaters habe beflecken wollen, Brudermörder, weil er seinen Bruder umgebracht, und Todschläger, weil er seiner Stiefmutter das Leben zu nehmen angedroht. Er hatte mit diesen Klagen die Gemüter des Volkes so sehr zur Entrüstung aufgeregt, daß alle riefen, man müßte ihn, ohne viel Zeit zu verlieren mit Anklage und Verteidigung, für diese Sünde öffentlich durch Steinigung bestrafen. Die Richter sagten jedoch, sie wollen nach altem Brauche den Spruch erst nach sorgfältigem Verhör fällen, und wollten nicht zugeben, daß ein so grausames Beispiel aufgestellt und aus Erbitterung statt auf gerechte Beweise hin ein Mensch getötet werde. Es wurde daher förmlich und gesetzmäßig der Angeklagte vor Gericht beschieden und der Anklageprozeß begonnen. Der Vater sagte, sein älterer Sohn habe den jüngern vergiftet und es liege dafür ein sicherer Beweis vor, da er wenige Tage zuvor versucht habe, ihn durch einen Diener umbringen zu lassen, welchem er fünfzig Taler versprochen habe. Als der Jüngling befragt wurde, leugnete er alles. Nachdem Anklage und Verteidigung stattgefunden hatte, wollten die Richter doch die Sache nicht auf Vermutungen und Verdachtsgründe hin abmachen, sondern verlangten sichere Beweise und bestimmte Wahrheit. Darum beschlossen sie, der Knecht solle ihnen vorgeführt werden, und so wurde denn dieser Galgenvogel herbeigebracht, trat mit dreister Stirn vor die Richter und machte dieselbe Aussage, die er schon dem Vater gemacht, ja, er fügte hinzu, er wolle die Wahrheit seiner Worte mit dem Jüngling auf der Folter bekräftigen. Da war nun kein Richter dem Jüngling so günstig gesinnt, der nicht geurteilt hätte, man müsse erst den Jüngling auf die Folter spannen und alsdann, wenn derselbe beim Leugnen beharre, auch den Knecht. Da erhob sich ein in jener Stadt sehr angesehener, rechtschaffener Arzt und sprach also: »Ich schmeichle mir, sagen zu können, daß ich bis daher unter euch für einen redlichen Mann gegolten habe, und kann nicht zugeben, daß dieser unschuldige Jüngling ungerechterweise von euch gefoltert oder getötet werde. Aber was hilft das, wenn ich allein mich der Behauptung eines andern widersetze? Und doch bin ich der, für den ihr mich haltet, und der andere ist ein niederträchtiger Schurke, der nicht einen, sondern tausend Galgen verdient. Ich weiß, daß mein Gewissen mich nicht betrügt, und darum hört den wahren Tatbestand der Sache! Dieser Schurke kam zu mir und wollte ein plötzliches Gift von mir kaufen, wofür er mir einen Preis von fünfzig Golddukaten anbot, indem er vorgab, desselben für einen Kranken bedürftig zu sein, welcher Tag und Nacht von einer unheilbaren Wassersucht und tausend andern Schmerzen gepeinigt werde und sehnlich wünsche, durch die Arznei des Todes über so große Mühsal hinwegzukommen. Da ich sah, wie verlegen der Spitzbube um Worte war, mit welchen er seine listigen Vorwände beschönigen sollte, schöpfte ich Verdacht, er möchte irgend einen bösen Anschlag im Kopf haben, und war im Begriff, ihm die Tür zu weisen. Gleich darauf aber fiel mir ein, wenn ich es ihm abschlage, so werde er zu einem andern gehen, der vielleicht minder vorsichtig sei, als ich, und ihm in seinem Begehren willfahren; ich hielt es daher für geraten, ihm einen Trank zu reichen, und gab ihm auch einen, aber von einer Beschaffenheit, die ihr später hören werdet. Da ich überzeugt war, daß man der Sache mit der Zeit nachspüren werde, wollte ich den Preis, den er mir anbot, nicht sogleich nehmen, sondern sagte zu ihm: Ich fürchte, einige von diesen Dukaten möchten falsch oder zu leicht sein; tue sie daher wieder in dieses Säckchen und siegele es mit deinem Ring! Ein andermal bei gelegener Zeit wollen wir alsdann zusammen nach der Bank gehen und sie untersuchen lassen. Er ließ sich überlisten und ich brachte ihn dahin, daß er den Sack mit seinem Siegel schloß. Ich habe ihn soeben durch meinen Diener holen lassen und will es euch zeigen. Er mag es sehen und soll sein Siegel anerkennen und darauf erklären, auf welche Art er diesen braven Jüngling beschuldigen will, seinem Bruder Gift gegeben zu haben, wenn er doch selbst es gekauft hat.«

Während dieser wackere Mann so sprach, war der elende Sklave blaß geworden wie eine Leiche; er zitterte und einige Tropfen eiskalten Schweißes traten ihm auf die Stirne; er trat bald vorwärts, bald zurück, drehte den Kopf bald so, bald anders und fing an, mit kleinlautem Munde einiges unpassende Zeug hervorzustammeln, so daß ihn vernünftigerweise niemand hätte für unschuldig erklären können. Nichtsdestoweniger bekämpfte der vermessene Schurke seine Furcht mit seiner Frechheit, verscheuchte sie und ward so mutig, daß ihm seine alte Verschlagenheit wiederkam und er mit seiner vorigen Geistesgegenwart den Arzt der Lüge zieh und alle seine Aussagen leugnete. Der unbescholtene Greis aber besann sich, um nicht in seinen letzten Jahren seinen unbefleckten Ruf zu besudeln, auf Mittel, die Wahrheit in der Sache ans Licht zu bringen. Er forderte daher einen der Diener der Gerechtigkeit auf, dem Sklaven seinen Ring vom Finger zu ziehen, und als man ihn mit dem Siegel des Säckchens verglich, ergab sich die Übereinstimmung beider. Die Richter erklärten es demnach für einen hinreichenden Beweis, um ihn auf die Folter zu bringen. Man gab ihm mehrere Streiche mit dem Stricke, aber noch immer beharrte er auf seinem Leugnen. Darauf sagte der Arzt zu den Richtern: »So wisset denn, daß, als mich dieser Verruchte, wie ich bereits erzählt habe, bewegen wollte, ihm Gift auszuhändigen, ich aber es für einen rechtschaffenen Arzt unziemlich hielt, den Tod eines Menschen zu veranlassen, dieweil ich überzeugt bin, daß die Heilkunde den Menschen vom

Himmel geoffenbart worden ist zum Wohl und nicht zum Schaden des Menschengeschlechts, und als ich fürchtete, wie ich euch gleichfalls gesagt habe, er möchte zu einem andern gehen, welcher aus Geldgier ihm das gegeben hätte, was er verlangte, daß ich ihm kein Gift gegeben habe, sondern einen Alrauntrank, welcher so tief in Schlaf senkt, daß, solange seine Kraft dauert, der, der ihn zu sich genommen hat, wie tot aussieht. Wenn nun jener Knabe den von mir gemischten Trank genommen hat, so lebt er, ruht und schlummert. Sobald die Kraft der Natur den dichten Nebel dieses Schlummers verjagt haben wird, wird auch unsere Sonne so schön wie zuvor ihm leuchten. Ist er aber wirklich tot, so sucht die Ursache anderswo.«

Nachdem der Arzt diese Worte gesprochen hatte, schien es allen das Wichtigste, ohne Verzug nach dem Begräbnisorte des Knaben zu gehen, um sich über den Fall Aufklärung zu verschaffen. Man brachte daher den Diener sowie den ältern andern Sohn in das Gefängnis und alle gingen nach der Gruft. Dort angelangt, ließ es sich der Vater nicht nehmen, mit eigenen Händen den Stein über dem Grabe wegzuwälzen. Und die Hilfe durfte auch nicht länger ausbleiben, denn die Natur hatte schon von selbst die düstere Schlaftrunkenheit verjagt und der Jüngling war zurückgekehrt aus dem Reiche Plutos. Der Vater umarmte ihn mit der Zärtlichkeit, die ihr euch vorstellen könnt, und da es ihm in der Freude dieses Augenblicks an kräftigen Worten gebrach, hob er ihn schweigend aus der Gruft und stellte ihn so in Trauerkleider gehüllt dem Oberrichter vor. Als der Diener den Knaben am Leben sah, dachte er, weil kein Tod erfolgt sei, werde er Verzeihung erlangen, und zugleich, um der weitern Folterung zu entgehen, bekannte er alles. Man ergriff deshalb die Frau, führte sie vors Gericht und nach kurzer Folterung bekannte auch sie alles. Das Urteil fiel dahin aus, daß der Diener, weil er das Verbrechen verübt, wenn auch der Tod nicht daraus erfolgt sei, gehangen werde. Der Frau wurde auf die Bitten ihres Gatten und ihres Sohnes zwar das Leben geschenkt, doch wurde sie auf immer aus der Stadt verbannt. Dem Arzte wurde auf allgemeine Zustimmung das Geld, das er von dem Knechte als Zahlung für den Schlaftrunk erhalten hatte, gelassen. Der Vater aber, welcher in Gefahr gewesen war, seine beiden Söhne zu verlieren, vertauschte sie auf diese Weise gegen ein grundböses Weib und gewann sie wieder lebendig und schuldlos.

BELFAGOR

Von Niccolò Machiavelli

Um 1470

Man liest in den alten Jahrbüchern der florentinischen Geschichte, was man schon aus der Erzählung eines heiligen Mannes weiß, dessen Leben bei allen seinen Zeitgenossen hochgepriesen wurde, daß derselbe, in seine Gebete vertieft, mittelst ihrer schaute, wie unzählige Seelen jener armen Sterblichen, die in Gottes Ungnade umkamen, in der Hölle alle oder meistenteils nur darüber klagten, daß sie einzig und allein durch das Heiraten sich in so großes Unglück gestürzt haben. Durch diesen Umstand wurden nun Minos, Radamanth sowie die anderen Höllenrichter in höchliches Erstaunen versetzt, weil sie solchen Verleumdungen des weiblichen Geschlechts nicht wohl glauben konnten. Da indessen die Klagen von Tag zu Tag zunahmen und auch der gehörige Bericht über die ganze Sache dem Pluto erstattet war, so kam es zum Beschlusse, den Fall mit sämtlichen höllischen Fürsten in reifliche Erwägung zu ziehen und nächstdem die geeignetsten Maßregeln zu ergreifen, um den Betrug aufzudecken und das Wahre an der Sache herauszustellen. Pluto berief sonach eine Ratsversammlung und sprach daselbst in folgendem Sinne: »Wiewohl ich, meine Lieben und Getreuen, durch des Himmels Fügung und durch unwiderrufliche Schicksalsbestimmung dieses Reich beherrsche und um deswillen keinem Richterstuhl des Himmels oder der Erde unterworfen sein kann, so habe ich doch beschlossen, weil es gescheiter ist, wenn die Gewaltigen sich den Gesetzen unterwerfen und der Meinung anderer ihr Recht einräumen, euren Rat einzuholen, wie ich in einer Angelegenheit mich zu verhalten habe, die sonst gar leichtlich zur Unehre unserer Herrschaft ausschlagen dürfte. Es sagen nämlich zwar alle Seelen von Männern, welche in unser Reich kommen, ihre Weiber seien daran schuld. Da uns das aber unmöglich scheint und wir befürchten, wenn wir auf diesen Bericht hin ein Verdammungsurteil sprächen, möchten wir als allzugrausam verschrien werden oder, wenn wir es nicht täten, als allzu lässig und ungerecht; da ferner die einen Menschen aus Leichtsinn fehlen, die andern aus Unbilligkeit, wir aber diesem beiderseitigen Tadel ausweichen möchten und nicht wissen, wie das anzugehen ist, haben wir euch herbeschieden, damit ihr uns mit eurem guten Rate beisteht und um zu bewirken, daß dieses Reich auch für die Zukunft fortbestehe mit unangetasteter Ehre wie bisher.«

Es schien einem jeden dieser Fürsten der vorliegende Fall ein hochwichtiger und sehr beachtenswerter zu sein. Sie waren auch darin miteinander einverstanden, daß die Wahrheit notwendigerweise erforscht werden müsse; aber über die Art und Weise der Ausführung teilten sich die Meinungen. Der eine hielt dafür, man solle einen, der andere, man solle mehrere Boten zur Erde empor abfertigen, um unter menschlicher Gestalt persönlich zu ergründen, ob die Sache sich wirklich so verhalte. Viele andere dagegen meinten, man brauche nicht so viele Umstände zu machen; man dürfe nur ein paar Seelen durch verschiedene Marter zum Bekenntnis zwingen. Da aber die Mehrzahl für den Vorschlag einer Gesandtschaft stimmte, so ging diese Meinung durch, und da sich keiner fand, der freiwillig das Amt übernommen hätte, so entschloß man sich, die Wahl durch das Los zu entscheiden. Das Los traf den Erzteufel Belfagor, der vordem, ehe er aus dem Himmel gefallen, ein Erzengel gewesen war und jetzt zwar sehr widerwillig sich zu der Botschaft hergab, aber dennoch, durch Plutos Machtspruch gezwungen, sich dazu verstehen mußte, den Beschluß der Ratsversammlung zu vollführen, und die Bedingungen einging, welche förmlich beraten worden waren. Diese bestanden darin, daß dem mit dem Auftrage Betrauten hunderttausend Dukaten überwiesen werden sollten; mit diesen mußte er auf die Welt gehen, in menschlicher Gestalt ein Weib nehmen und zehn Jahre mit ihr leben, sodann eines scheinbaren Todes sterben und nach der Hölle zurückkehrend seinen Vorgesetzten nach der gemachten Erfahrung darüber Bericht erstatten, worin eigentlich die Last und die Lust des Ehestandes bestehe. Es wurde überdies erklärt, daß er während der genannten Zeit allen Ungemächlichkeiten und Übeln unterworfen sein solle, mit denen die Menschen zu kämpfen haben, und welche Armut, Gefangenschaft, Krankheit und so manchen andern schlimmen Umstand, der den Menschen begegnen kann, nach sich ziehen; ausgenommen wenn er sich durch Klugheit oder List davon befreie. Belfagor nahm also die Bestallung und sein Geld in Empfang und kam herauf auf die Welt. Er hatte sich aus seinen Scharen mit Pferden und Dienerschaft versehen und zog sehr stattlich in Florenz ein. Diese Stadt hatte er vorzugsweise zu seinem Aufenthalt erkoren, weil sie ihm den Wucher, den er mit seinem Gelde zu treiben gesonnen war, ganz besonders zu begünstigen schien. Er ließ sich hier Roderigo von Castilien nennen und mietete ein Haus in der Vorstadt Allerheiligen. Damit man seiner wahren Herkunft nicht auf die Spur komme, sagte er aus, er habe vor einiger Zeit Spanien verlassen, sich dann nach Syrien gewendet und in Aleppo sein Vermögen gewonnen; er habe es aber verlassen in der Absicht, nach Italien zu gehen, in ein menschlicheres, dem bürgerlichen Leben und seinen Neigungen angemesseneres Land, und dort ein Weib zu nehmen. Roderigo war ein sehr schöner Mann, der in einem Alter von dreißig Jahren zu stehen schien. Er verriet in wenigen Tagen, daß er im Besitz großer Reichtümer sei, und da er sich außerdem bei mehrfachen Gelegenheiten als einen wahrhaft gebildeten und freigebigen Mann zu erkennen gab, so boten ihm manche edle Bürger, die viele Töchter und wenig Taler im Besitz hatten, ihre Kinder an. Unter allen diesen erwählte Roderigo ein sehr schönes, junges Mädchen namens Onesta, die Tochter des Amerigo Donati, der außer ihr noch drei andere Töchter und drei erwachsene Söhne hatte, und ihre Schwestern waren auch fast mannbar. Obgleich er einer sehr edlen Familie angehörte und in Florenz persönlich sehr in Achtung stand, so war er doch im Verhältnis zu seiner zahlreichen Familie und seinem Adel sehr arm. Roderigo richtete seine Hochzeit mit großem Glanz und Aufwand aus und unterließ nichts von allem, was an derlei Festen nun einmal herkömmlich ist, denn er war durch das Gesetz, das ihm beim Austritt aus der Hölle auferlegt worden war, allen menschlichen Leidenschaften unterworfen. Er begann sehr bald Geschmack zu finden an Ehre und Herrlichkeit der Welt und sich daran zu erfreuen, von den Menschen gelobt zu werden, was ihm keinen geringen Aufwand verursachte. Überdies hatte er noch nicht lange Zeit mit seiner Ehegattin Onesta gelebt, als er sich in dieselbe so außermaßen verliebte, daß er es nicht ertragen konnte, sie traurig oder mißmutig zu sehen. Frau Onesta hatte neben ihrem Adel und ihrer Schönheit ihrem Roderigo einen Hochmut zugebracht, wie ihn sogar Luzifer nicht kannte, und Roderigo, der einen wie den andern nun ermessen hatte, erachtete den seiner Frau für den höheren. Er ward aber mit der Zeit noch weit ärger als zuvor, da sie die große Liebe ihres Mannes zu ihr merkte. Und da sie nunmehr dafür hielt, er befinde sich durchaus in ihrer Gewalt, so gebot sie ihm ohne alles Erbarmen oder Rücksicht und scheute sich nicht, wenn er ihr ja etwas versagen wollte, ihn mit Schelten und Schimpfen zu verletzen, was dem Roderigo unglaublichen Ärger verursachte. Dessenungeachtet machte der Schwiegervater, die Brüder, die Verwandtschaft, die Pflicht des Ehebundes und vor allem die große Liebe, die er für sie fühlte, daß er es mit Geduld hinnahm. Ich will die großen Kosten übergehen, die er zu ihrer Befriedigung in Beziehung auf neue Trachten und neue Moden aufwandte, in welchen unsere Stadt nach alter Gewohnheit beständig wechselt. Er mußte sich überdies, wollte er in Frieden mit ihr leben, entschließen, dem Schwiegervater seine andern Töchter an den Mann bringen zu helfen, was ihn gewaltige Summen kostete. Ebenso mußte er, um mit seinem Weibe gut Freund zu bleiben, einen ihrer Brüder mit Tüchern nach dem Orient schicken, einen andern mit Seidenzeugen nach dem Westen und den dritten als Goldschläger in Florenz unterbringen. Mit diesen Dingen ging denn allmählich der größte Teil seines Vermögens auf. Um die Zeit des Faschings sodann und um Sankt Johannis, wenn die ganze Stadt nach alter Gewohnheit voller Festlichkeiten ist und viele edle und reiche Bürger die kostbarsten Gastereien anstellen, wollte Frau Onesta, um nicht andern nachzustehen, daß ihr Roderigo mit dergleichen Festlichkeiten es allen andern zuvortue. Das alles ertrug er aus den schon angegebenen Gründen leicht und würde es auch, so schwer es an und für sich sein mochte, nimmermehr lästig gefunden haben, hätte er damit nur auch wirklich seine häusliche Ruhe erkauft und so viel gewonnen, dem herannahenden Zeitpunkte seines gänzlichen Untergangs mit Gemächlichkeit entgegenzusehen. Aber es widerfuhr ihm das Gegenteil; denn abgesehen von dem unerschwinglichen Aufwand suchte sie ihn, ihrem widerwärtigen Wesen entsprechend, mit unzähligen Ungelegenheiten heim, und kein Knecht oder Diener konnte es in seinem Hause lange, ja nur Tage oder Wochen, aushalten. Daraus erwuchs denn dem armen Roderigo der empfindlichste Nachteil, weil er keinen Diener erhalten konnte, der seinem Hauswesen redlich zugetan gewesen wäre, denn nicht allein die menschlichen gingen weg, sondern auch die Teufel, die er in Gestalt von Dienern mitgebracht hatte, wollten lieber in die Hölle zurückkehren und im Feuer verweilen, als auf der Welt unter der Herrschaft dieses Weibes leben. So führte nun Roderigo das ruheloseste und unbehaglichste Leben und hatte es durch seine schlechte Wirtschaft bereits dahin gebracht, daß er mit seinem ganzen beweglichen Besitztum fertig war und auf die Hoffnung der von Osten und Westen erwarteten Summen zu leben anfing. Noch genoß er guten Kredit und borgte auf Wechsel; da er aber auf diese Art notwendigerweise immer tiefer in Schulden geriet, machte er sich in kurzer Zeit allen denjenigen verdächtig, die sich auf solcherlei Schliche in Handel und Wandel verstanden. Während nun seine Lage bereits sehr schwankend geworden war, kam plötzlich Nachricht von der Levante und aus dem Westen, einer der Brüder der Frau Onesta habe all das Eigentum, das ihm Roderigo anvertraut, im Spiel verloren, der andere sei dagegen auf der Rückkehr in einem mit seinen Waren beladenen Schiffe, ohne versichert zu sein, samt allem eine Beute der Wellen geworden. Kaum war dies ruchbar geworden, so verbanden sich Roderigos Gläubiger miteinander in der Besorgnis, er möchte zugrunde gerichtet sein; da man aber noch nicht darüber ins reine kommen konnte, weil der Zeitpunkt ihrer Bezahlung noch nicht vorhanden war, so beschlossen sie, ihn sorgfältig bewachen zu lassen, damit er nicht, ehe ihre Beratung einen Erfolg haben könne, sich ihnen durch die Flucht entziehe. Roderigo andererseits sah keine andere Hilfe in seiner Not und wußte doch, daß er das Gesetz der Hölle nicht überschreiten dürfe, entschloß sich demnach, unter jeder Bedingung zu entfliehen. Er warf sich daher morgens auf ein rasches Pferd und da er nahe am Tore al Prato wohnte, eilte er durch dasselbe hinaus. Kaum daß man sich seiner Entfernung versah, so entstand ein Aufruhr unter den Gläubigern, sie wandten sich an die Obrigkeit und schickten ihm nicht nur Gerichtsboten nach, sondern verfolgten ihn insgesamt persönlich. Roderigo war noch keine Meile weit von der Stadt entfernt, als diese Gefahr wider ihn losbrach. Er erkannte seine üble Lage und nahm sich vor, um desto verborgener zu fliehen, die gebahnte Straße zu verlassen und querfeldein weiterzueilen, wohin ihn sein gutes Glück führe. Er setzte diesen Vorsatz ins Werk, fand aber bald, daß die vielen das Feld durchschneidenden Gräben ihm dabei hinderlich wurden und daß er zu Pferd nicht weiterkomme. Er floh deswegen zu Fuß weiter, ließ sein Roß auf der Straße ledig laufen und sprang von einem Stück Feld zum andern über das mit Weingärten und Röhricht bedeckte Land hin, bis er in der Nähe von Peretola an das Haus des Giovanni Matteo del Bricca kam, des Feldbauern des Giovanni del Bene. Er begegnete dem Giovanni Matteo gerade, als dieser Futter für seine Ochsen heimtrug, stellte sich unter seinen Schutz und versprach ihm, wenn er ihn aus den Händen seiner Feinde rette, welche ihn verfolgen, um ihn im Gefängnis umkommen zu lassen, so wolle er ihn reich machen und vor seinem Scheiden ihm darüber genügende Bürgschaft geben; im entgegengesetzten Falle sei er zufrieden, daß er ihn selbst seinen Gegnern ausliefere. Giovanni Matteo war zwar ein Landmann, aber dennoch ein unternehmender Mensch, und da er der Ansicht war, er könne nicht wohl zu kurz dabei wegkommen, wenn er den Flüchtling rette, so sagte er demselben seine Bitte zu. Er steckte ihn in einen Haufen Dünger, den er vor dem Hause liegen hatte, und bedeckte ihn mit kleinen Rohren und anderm Abgang, den er zum Verbrennen zusammengeworfen hatte. Kaum war er mit Roderigos Versteckung fertig, als auch schon seine Verfolger herzukamen und durch Drohungen den Giovanni Matteo einzuschüchtern suchten, aber nicht einmal von ihm herausbrachten, daß er ihn gesehen habe. Sie zogen daher weiter und kehrten, nachdem sie ihn zwei Tage umsonst gesucht hatten, ermüdet wieder nach Florenz zurück. Sobald der Lärm vorüber war, holte Giovanni Matteo ihn aus seinem Schlupfwinkel hervor und mahnte ihn an sein gegebenes Wort. Da sprach Roderigo zu ihm: »Mein lieber Bruder, ich bin dir zu großem Dank verpflichtet, aber ich will versuchen, dir meine Verbindlichkeit auf jede Weise abzutragen. Und damit du glaubst, daß ich dies imstande sei, will ich dir sagen, wer ich bin.«

Er teilte ihm hier seine persönlichen Verhältnisse und die Bedingungen mit, unter denen er die Hölle verlassen und sich ein Weib genommen hatte. Er eröffnete ihm überdies die Art und Weise, auf die er ihn zu bereichern gedachte, und die eben keine andere war, als daß Giovanni Matteo, sobald er von irgend einem Weibe höre, das besessen sei, nur getrost annehmen dürfe, er sei selber in sie gefahren und er werde nicht eher aus ihr weichen, als bis Giovanni komme und ihn vertreibe; damit habe er denn Gelegenheit, sich von den Verwandten der Besessenen nach Belieben bezahlen zu lassen. Nachdem Roderigo diese Erklärung von sich gegeben hatte, wurde er plötzlich unsichtbar. Es waren aber hierauf kaum einige Tage ins Land gegangen, als sich durch ganz Florenz die Neuigkeit verbreitete, daß eine Tochter des Messer Ambrogio Amedei, die an Buonajuto Tebalducci verheiratet war, vom Teufel besessen sei. Die Ihrigen versäumten nicht, alle jene Hilfsmittel dagegen anzuwenden, die bei solchen Unfällen gebräuchlich sind. Man legte ihr den Schädel des heiligen Zenobius auf den Kopf und den Mantel des heiligen Johannes Walbert; aber alle diese Dinge wurden von Roderigo nur verhöhnt; und um jedermänniglich zu überzeugen, daß die Krankheit des jungen

Weibes ein böser Geist und keine phantastische Einbildung sei, sprach er lateinisch, disputierte über philosophische Fragen und deckte die Sünden vieler Leute auf, wie zum Beispiel die eines gewissen Klosterbruders, welcher sich über vier Jahre ein in einen Mönch verkleidetes Weib in seiner Zelle gehalten hatte. Dergleichen Dinge erregten natürlich allgemeine Verwunderung. Herr Ambrogio war unterdessen sehr mißvergnügt und hatte fast alle Hoffnung auf ihre Heilung aufgegeben, als ihn Giovanni Matteo besuchte und ihm seine Tochter zu heilen versprach, wenn er ihm fünfhundert Gulden geben wolle, um sich ein Gut in Peretola kaufen zu können. Herr Ambrogio ging auf sein Anerbieten ein; Giovanni Matteo aber ließ, um die Sache aufzustutzen, vorerst etliche Messen lesen, machte allerlei Hokuspokus und murrte dann dem jungen Weibe die Worte ins Ohr: »Roderigo, ich bin hierhergekommen, um dich aufzusuchen, damit du mir Wort haltest.«

Roderigio antwortete ihm: »Ich bin es zufrieden; aber das ist noch nicht genug, um dich reich zu machen. Sobald ich von hinnen gewichen sein werde, fahre ich in die Tochter des Königs Karl von Neapel und weiche nicht von ihr ohne dich. Dann kannst du dir ein tüchtiges Handgeld ganz nach deinen Wünschen ausbedingen und mußt mich später in Ruhe lassen.«

Nach diesen Worten fuhr er aus ihr aus zur Freude und Verwunderung von ganz Florenz. Es währte hierauf gar nicht lange, so verbreitete sich durch ganz Italien das Gerücht von dem Unglück, das über die Tochter des Königs Karl gekommen war. Die Mittel der Geistlichen wollten nicht anschlagen, und da der König von Giovanni Matteo reden hörte, so ließ er ihn zu sich von Florenz entbieten. Matteo kam in Neapel an und heilte sie nach einigen zum Schein angestellten Zeremonien. Aber ehe Roderigo sich davonmachte, sagte er: »Du siehst, Giovanni Matteo, ich habe mein Versprechen, dich zu bereichern, vollkommen gehalten und keine Verbindlichkeit weiter gegen dich zu erfüllen, und wir sind quitt. Hüte dich daher, mir ferner ins Gehege zu kommen! Denn wie ich dir bisher Gutes erwiesen, würde ich dir in Zukunft nur Böses tun.«

Giovanni Matteo kehrte daher als sehr reicher Mann nach Florenz zurück, denn er hatte vom König über fünfzigtausend Dukaten empfangen und war nur noch darauf bedacht, diesen Reichtum in Ruhe zu genießen, ohne zu besorgen, Roderigo möchte ihn in seinem friedlichen Genusse zu stören beabsichtigen. Mit einem Male aber wurde er aus seiner Ruhe durch die Nachricht aufgeschreckt, daß eine Tochter König Ludwigs VII. von Frankreich vom Teufel besessen sei. Diese Kunde brachte Giovanni Matteos Gemüt ganz außer Fassung, indem er an die Gewalt dieses Königs und an die letzten Worte Roderigos dachte. Da nun der König kein Heilmittel für seine Tochter fand und von der Heilkraft Giovanni Matteos hörte, sandte er zuerst einfach einen Läufer an ihn ab, um ihn herzubescheiden; da dieser aber eine Unpäßlichkeit vorschützte, sah sich der König am Ende gezwungen, die Herrschaft um ihn anzugehen, welche dann den Giovanni Matteo zum Gehorsam nötigte. Dieser ging daher mit großer Bangigkeit nach Paris und gab zuvörderst dem König die Erklärung ab, er habe zwar einigemal allerdings Besessene geheilt, aber darum habe er noch gar nicht die Kraft und die Macht, alle solche Kranke zu heilen; denn es gäbe welche von hinterlistigem Wesen, daß sie weder Drohungen noch Zauber, noch geistliche Mittel scheuen; er wolle dessenungeachtet gern sein möglichstes tun, bitte aber, wenn es ihm nicht gelinge, um Vergebung und Entschuldigung. Der König versetzte ihm darauf zornig, wenn er seine Tochter nicht heile, so werde er ihn hängen lassen.

Giovanni Matteo war hierüber tief betrübt, faßte sich aber doch so weit, daß er die Besessene kommen ließ. Er sprach ihr ins Ohr und empfahl sich demütig dem Roderigo, erinnerte ihn an die ihm erwiesene Wohltat und stellte ihm vor, welch ein undankbares Betragen es von ihm wäre, wenn er ihn in solcher Not im Stich ließe. Roderigo aber versetzte: »Ei du schurkischer Verräter, wie kannst du frech genug sein, mir wieder nahe zu kommen? Meinst du, daß du dich wirst lange zu rühmen haben, durch mich reich geworden zu sein? Ich will es dir und einem jeden zeigen, wie ich nach meinem Belieben auch wieder nehmen kann, was ich gegeben habe. Du sollst nicht wieder von hinnen kommen; ich bringe dich an den Galgen, es koste, was es wolle.«

Da nun Giovanni Matteo hieraus erkannte, daß er auf die alte Weise diesmal nichts ausrichtete, so gedachte er sein gutes Glück auf eine andere Weise zu versuchen, verfügte, daß man die Besessene wieder von dannen bringe, und sprach dann zum König: »Sire, wie ich Euch schon gesagt habe, gibt es viele Geister, welche so unbändig sind, daß gar nicht mit ihnen auszukommen ist, und dieser hier ist einer von den schlimmsten. Dessenungeachtet will ich noch einen letzten Versuch machen, ihn zu vertreiben. Gelingt es mir, so haben wir beide, Eure Majestät und ich, unsere Absicht erreicht; wo nicht, so bin ich in Eurer Gewalt und muß es Euch überlassen, zu entscheiden, wieviel Mitleid Ihr glaubt, daß meine Unschuld verdient. Ich ersuche Euch nämlich, auf dem Platze der Liebfrauenkirche ein hohes Gerüst aufführen zu lassen, das geräumig genug sei für den ganzen Adel und die Geistlichkeit dieser Stadt; dieses Gerüst läßt du mit Seide und Goldstoffen behängen und mitten darauf einen Altar errichten. Am nächsten Sonntag in der Frühe sollst du dann mit der Geistlichkeit und allen deinen Fürsten und Edelleuten in königlicher Pracht, mit glänzenden, reichen Gewändern angetan, daselbst erscheinen und dort erst eine feierliche Messe anhören, ehe man die Besessene hinführt. Ich wünsche überdies, daß auf der einen Seite des Platzes wenigstens zwanzig Personen aufgestellt werden, die mit Trompeten, Hörnern, Trommeln, Sackpfeifen, Schalmeien, Zimbeln und andern geräuschvollen Instrumenten aller Art versehen sind und, sobald ich einen Hut schwinge, diese Instrumente laut ertönen lassen, indem sie damit raschen Schrittes auf das Gerüst zuziehen. Die Dinge, verbunden mit einigen andern geheimen Mitteln, sollen, wie ich hoffe, zur Austreibung eben jenes Teufels genügen.«

Der König ließ unverzüglich alle Veranstaltungen treffen, und als der erwartete Sonntagmorgen kam und das Gerüst von den hohen Personen und der Platz vom Volke angefüllt war, wurde die Messe gefeiert und sodann die Besessene auf das Gerüst geführt, geleitet von zwei Bischöfen und vielen vornehmen Herren. Als Roderigo die Volksmenge und die großen Zurüstungen sah, war er ganz verblüfft und sprach bei sich selbst: »Was hat sich nun wohl der elende Bauernlümmel mit mir ausgedacht? Glaubt er, mich durch das Gepränge einzuschüchtern? Weiß er nicht, daß ich die Pracht des Himmels und das Entsetzen der Hölle zu schauen gewohnt bin? Ich werde ihn schon dafür büßen lassen.«

Dann als Giovanni Matteo an seine Seite trat und ihn nochmals bat, auszufahren, sagte er zu ihm: »Ei, da hast du ja eine herrliche Erfindung gemacht. Was gedenkst du mit all dem Zeuge anzufangen? Glaubst du hierdurch meiner Übermacht und dem Zorn des Königs zu entgehen? Du Rüpel! Du Schuft! Du sollst mir hängen; du magst anfangen, was du willst.«

Als Giovanni Matteo ihn nochmals gebeten, aber nur neue Schimpfreden zur Antwort erhalten hatte, glaubte er, nun weiter keine Zeit verlieren zu dürfen. Er machte also das verabredete Zeichen mit dem Hute, und alle die, welche bestellt waren, den Lärm anzurichten, ließen mit einem Male ihre Instrumente zum Himmel erklingen und zogen so zu dem Gerüste heran. Bei dem unerwarteten Lärm spitzte Roderigo die Ohren, und da er durchaus nicht wußte, was das war, fragte er voll Staunen und Verwunderung den Giovanni Matteo, was das bedeute. Giovanni Matteo antwortete ihm ganz bestürzt: »Weh mir, Freund Roderigo, das ist deine Frau, die dich wieder zu sich holen will.«

Es läßt sich kaum denken, welche Veränderung es in Roderigos Stimmung hervorbrachte, als er von seiner Frau reden hörte. Seine Erschütterung war so groß, daß er, ohne zu erwägen, ob es möglich und denkbar sei, daß sie es sei, und ohne etwas zu erwidern, in Furcht und Grausen entfloh und das Mädchen freigab. Belfagor wollte lieber in die Hölle zurückkehren, um von seinen Taten Rechenschaft abzulegen, als sich von neuem unter all der Widerwärtigkeit, Unlust und Gefahr dem Joche der Ehe unterwerfen. In die Hölle zurückgekehrt bekräftigte er das Unheil, welches ein Weib in ein Haus bringt; Giovanni Matteo aber, der davon noch mehr zu sagen wußte als der Teufel, machte sich bald nachher munter und guter Dinge auf den Weg nach Hause.

DER UNSCHULDIGE MÖRDER

Von Masuccio

Um 1470

Zur Zeit deines würdigen Ahns, des hochseligen Königs Don Ferrando von Aragon glorreichen Andenkens, welcher den Zepter des Königreichs Castilien mit ruhigem Regiment führte, war in der alten und sehr edlen Stadt dieses Königreichs Salamanca ein Minoritenmönch namens Magister Diego von Revalo, welcher nicht minder in der thomistischen als in der skotischen Lehre unterrichtet war und darum aus den übrigen erlesen und mit einer nicht unbedeutenden Belohnung bestellt wurde, in den würdigen Hörsälen der berühmten Hochschule derselben Stadt Vorlesungen zu halten. Damit setzte er sich in einen wunderbaren Ruf und machte seine Wissenschaft bekannt durch das ganze Reich; überdies hielt er manchmal auch kleine Predigten, die mehr nützlich und notwendig als fromm waren. Da er aber jung, ziemlich schön und sehr lustigen Sinnes, darum den Liebesflammen ausgesetzt war, geschah es, daß ihm eines Tages unter der Predigt ein ganz junges Weib von wunderbarer Schönheit auffiel, namens Donna Cattarina, die Gattin eines der vornehmsten Ritter der Stadt mit Namen Misser Roderico Dangiagia. Als der Magister sie sah, gefiel sie ihm auf den ersten Blick und Herr Amor gab ihm zugleich mit dem Bilde der Frau die Liebeswunde in sein schon beflecktes Herz. Von der Kanzel herabgestiegen, ging er in seine Zelle, warf alle theologischen Gründe und sophistischen Beweise in eine Ecke und gab sich ganz den Gedanken an das holde, junge Weib hin.

Nach diesen Worten wandte er sich nicht mehr zurück. Er nahm Papier und schrieb unter vielen tiefen Seufzern und heißen Tränen einen passenden zierlichen Brief an die geliebte

Frau, worin er zuerst ihre mehr göttlichen als menschlichen Reize pries, dann ausführte, wie er dermaßen von denselben umstrickt sei, daß er entweder ihre Gunst oder den Tod erwarte, und zuletzt bei aller Anerkenntnis dessen, daß er in Betracht ihres hohen Standes nicht verdiene, daß sie ihm Gelegenheit zu einer Zusammenkunft gebe, sie doch flehentlich bat, ihm Zeit und Ort anzugeben, daß er mit ihr im geheimen sprechen könne oder ihn wenigstens als ihren Diener anzunehmen, da er sie zur einzigen Gebieterin über sein Leben erkoren habe. Er schloß den Brief mit noch vielen andern Floskeln, machte ihn zu, küßte ihn wiederholendlich und gab ihn einem Chorknaben mit der Weisung, wem er ihn heimlich zuzustellen habe. Dieser ging, wohin ihm befohlen war, kam in das Haus und fand die edle junge Frau im Kreise ihres zahlreichen weiblichen Gefolges sitzen. Er grüßte sie höflich und sagte zu ihr: »Mein Meister empfiehlt sich Euch und bittet Euch, ihm ein wenig von dem feinen Mehl zu Hostien zu schikken, wie Euch dieses Briefchen des weitern vermelden wird.«

Die Dame war gescheit genug, um gleich beim Anblick des Briefes zu merken, was die wirkliche Absicht dabei war. Sie nahm und las ihn, und obgleich sie sehr sittsam war, mißfiel es ihr doch nicht, daß jener sie liebte, und da sie sich für die schönste unter den Weibern hielt, freute sie der Brief, in welchem sie ihre Schönheit so hoch erhoben sah, denn sie hatte mit der Erbsünde auch die angeborene Leidenschaft aller übrigen Glieder des weiblichen Geschlechts überkommen, welche samt und sonders der Meinung sind, ihr ganzer Ruf, Ehre und guter Name bestehe einzig und allein darin, daß sie geliebt, umbuhlt und ob ihrer Schönheit gepriesen werden, und welche viel lieber für schön und lasterhaft als für noch tugendhaft und häßlich gelten möchten. Nichtsdestoweniger beschloß diese Frau, weil sie alle Mönche ernstlich und nicht ohne Grund haßte, nicht nur dem Magister in keiner Weise nachzugeben, sondern auch ihm nicht einmal eine freundliche Antwort zu gewähren, und zugleich nahm sie sich vor, diesmal auch ihrem Gemahl nichts von der Sache zu sagen. Nachdem sie sich in diesem Plane befestigt hatte, wandte sie sich zu dem Mönchlein und sagte zu ihm, ohne die geringste Verlegenheit merken zu lassen: »Du kannst deinem Meister sagen, daß der Herr meines Mehles es ganz für sich allein will, darum soll er sich anderswoher welches zu verschaffen suchen. Auf den Brief brauche ich nicht zu antworten. Verlangte er es aber doch, so soll er es mir zu wissen tun, und sobald mein gnädiger Herr nach Hause kommt, will ich dann sorgen, daß er eine bekommt, wie es für sein Ansinnen sich gehört.«

Als der Magister die strenge Antwort erhielt, verminderte sich darum seine Liebesglut im mindesten nicht; vielmehr wuchs seine Leidenschaft zugleich mit dem Verlangen zu nur um so größeren Flammen, und um sich nicht von dem begonnenen Unternehmen zurückzuziehen, begann er, da das Haus der Frau ganz nahe bei dem Kloster war, sie so zudringlich mit seinen Werbungen zu verfolgen, daß sie nicht an ein Fenster treten, nicht in die Kirche oder sonst aus dem Hause gehen konnte, ohne daß der begehrliche Magister ihr immer in den Weg kam, weshalb denn in kurzem nicht nur die Leute in der Nachbarschaft die Sache merkten, sondern auch fast alles in der Stadt davon Kunde erhielt. Unter solchen Umständen überzeugte sich die Frau, daß sie den Handel vor ihrem Gemahl nicht länger mehr verbergen dürfe; denn sie fürchtete, wenn er es von jemand andern höre, könnte sie in Gefahr kommen und er sie überdies für untreu halten. Nachdem sie sich mit diesem Gedanken vertraut gemacht hatte, erzählte sie, als sie eines Nachts bei ihrem Manne war, ihm die ganze Geschichte Punkt für Punkt. Der Ritter, welcher sehr ehrenfest und heftig war, entbrannte in solchem Zorn, daß er sich kaum enthalten konnte, auf der Stelle hinzugehen und mit Feuer und Schwert das Kloster samt allen Mönchen zu zerstören. Er mäßigte sich aber doch ein wenig, lobte die Sittsamkeit seiner Frau gar sehr und gab ihr auf, dem Magister zu versprechen, sie wolle ihn in der folgenden Nacht ins Haus kommen lassen, auf irgend eine Art, wie es ihr am besten gefalle, damit er zugleich seiner Ehre genugtun könne und seine teure geliebte Frau nicht ferner beflecken lasse, für das übrige wolle er selber sorgen. So mißlich auch der Frau die Sache vorkam, indem sie bedachte, wohin dies führen könne, so sagte sie doch, um dem Willen ihres Mannes nachzukommen, sie wolle es tun; und da das Mönchlein immer wiederkam und mit neuen Künsten den harten Stein zu erweichen trachtete, sagte sie: »Empfiehl mich deinem Meister und sag ihm, die große Liebe, die er zu mir trage, und die heißen Tränen, die er, wie er mir immer schreibt, für mich vergieße, haben Platz gegriffen in meinem Herzen, so daß ich nun viel mehr ihm angehöre als mir. Und da unser freundlicher Stern gewollt hat, daß heute Herr Roderigo aufs Land gegangen ist und über Nacht aus sein wird, so soll er mit dem Schlag drei Uhr heimlich zu mir kommen und ich will ihm Gehör geben, wie er es wünscht. Doch bitte ich ihn, keinem Freund oder Bekannten, so genau er auch mit ihm stünde, die Sache anzuvertrauen.«

Das Mönchlein zog übermäßig heiter von dannen und brachte die erfreuliche Botschaft seinem Herrn; dieser aber war der glücklichste Mensch von der Welt, indem er bedachte, wie nahe die gegebene Frist schon heranrücke. Als diese kam, versah er sich wohl mit Düften, um nicht mönchisch zu riechen, dachte auch, das Klostergewand könne durch guten Atem unterwegs gewinnen, und genoß daher die besten und feinsten eingemachten Früchte, legte seine gewohnten

Kleider an und begab sich so an die Tür seiner Geliebten. Er fand sie offen, trat ein und wurde im Dunkeln wie ein Blinder von einer Dienerin in einen Saal geführt, wo er die Frau zu finden und von ihr freundlich empfangen zu werden meinte, statt dessen aber den Ritter fand mit einem getreuen Diener, die ihn ohne viel Widerstreben packten und in aller Stille erdrosselten. Als Meister Diego tot war, reute es den Ritter ein wenig, seine gewaltigen Arme mit dem Tode eines Minoriten befleckt zu haben; doch da er sah, daß hier Reue so wenig half als ein anderes Mittel, dachte er in Rücksicht auf seine Ehre und auch aus Furcht vor dem Zorn des Königs darauf, den Toten aus dem Hause zu schaffen, und es fiel ihm ein, ihn in sein Kloster zu bringen. Er packte ihn daher seinem Diener auf den Rücken und so schleppten sie ihn in den Garten der Mönche; von dort drangen sie in das Kloster selbst ein und trugen den Leichnam an das Örtchen, wohin die Mönche aus gewissem Erleichterungsbedürfnis zu gehen pflegten. Zufällig fand sich nur ein einziger Sitz bereit, denn die andern waren zugrunde gerichtet, wie denn, wie wir beständig sehen, der größte Teil der Mönchsklöster mehr Räuberhöhlen gleichen als Wohnsitzen der Diener Gottes. Auf diesen Sitz ließen sie ihn nun nieder, gerade als ob er ein Bedürfnis befriedigte, machten sich hinweg und gingen nach Hause. Als nun der Herr Magister so dasaß, gerade wie wenn er einer überflüssigen Leibesbürde sich entladen wollte, befiel einen andern jungen und rüstigen Bruder um Mitternacht der dringende Wunsch, an den besagten Ort zu gehen, um seine Notdurft zu verrichten. Er zündete ein Lichtlein an und eilte auf die Stelle zu, wo Meister Diego im Tode hingesetzt worden war. Sobald er ihn erkannte, zog er sich, nicht anders denkend, als er lebe, ohne ein Wort zu sagen, zurück, weil zwischen ihnen beiden aus Gott weiß welchem mönchischen Neid und Mißgunst eine unauslöschliche, tödliche Feindschaft stattfand. Er wartete daher abseits, bis er meinte, der Magister könne mit dem Geschäft fertig sein, das er gleichfalls zu verrichten im Sinne hatte; da er aber immer noch wartete und nicht bemerkte, daß der Magister sich rühre, andererseits aber ihn selbst die Not immer gebieterischer drängte, sagte er mehrmals bei sich selbst: »Bei Gott, der Bursche bleibt aus keinem andern Grunde so fest sitzen und will mich nicht hinlassen, als um mir auch hierhin seine Feindschaft zu zeigen und die böse Gesinnung, die er gegen mich hegt. Aber es soll ihm nicht gelingen, denn ich will aushalten, solange ich kann, und wenn ich sehe, daß er auf seinem Eigensin beharrt und festbleibt, so will ich doch, obschon ich auch anderswohin gehen könnte, ihn zwingen, von hier wegzugehen, er mag wollen oder nicht.«

Der Magister, welcher bereits an einem harten Fels Anker geworfen hatte, rührte sich nicht im mindesten, bis endlich der Mönch es nicht mehr aushalten konnte und wütend rief: »Nun aber, da sei Gott vor, daß du mir solche Schmach antust und ich es so hinnehme!«

Da ergriff er einen großen Stein, trat nahe zu ihm hin und beehrte ihn mit einem solchen Schlag auf die Brust, daß er zurückfiel und kein Glied mehr rührte. Als der Bruder bemerkte, wie er nach dem gewaltigen Stoß sich nicht mehr erhob, fürchtete er, ihn mit dem Stein bereits umgebracht zu haben; er wartete eine Weile, hoffte und besorgte, endlich aber trat er zu ihm hin und schaute ihn beim Lichte genau an, wo er denn sich vollkommen überzeugte, daß er schon tot sei, und nicht anders dachte, als er habe ihn auf die angegebene Weise umgebracht. Er war deshalb bis zum Tod betrübt, indem er fürchtete, wegen ihrer Feindschaft werde der Verdacht alsbald auf ihn fallen und er darüber ums Leben kommen. Darum beschloß er mehrmals, sich selber aufzuhängen; bei reiflicher

Überlegung jedoch nahm er sich vor, ihn aus dem Kloster zu tragen und auf die Straße zu werfen, um jeden etwaigen Verdacht von sich abzuwälzen, den man sonst aus der angegebenen Ursache hätte fassen können. Indem er nun diesen Plan ausführen wollte, fiel ihm weiter ein, wie öffentlich und unaufhörlich der Magister Donna Cattarina mit seinen unzüchtigen Zumutungen verfolgte, und er sagte bei sich selbst: »Wo kann ich ihn leichter hinbringen, um zugleich mich von allem Verdacht zu befreien, als vor die Tür des Herrn Roderigo, einmal weil dies so nahe ist, und dann, weil man gewiß annehmen wird, er sei des Ritters Weib nachgeschlichen und dieser habe ihn umbringen lassen.«

Die Überlegungen bestärkten ihn in seinem Vorhaben. Er lud mit großer Mühe den Leichnam auf den Rücken und trug ihn vor die besagte Tür, aus welcher er wenige Stunden zuvor als tot herausgetragen worden war. Dort ließ er ihn und kehrte, ohne von jemand in acht genommen zu werden, in das Kloster zurück. Obgleich er nun für seine Rettung hinreichend gedeckt schien, wollte er sich doch noch unter irgend einem Vorwand auf ein paar Tage von hier entfernen, ging also in diesem Gedanken auf der Stelle nach der Zelle des Guardians und sagte zu ihm: »Mein Vater, ich habe vorgestern, da ich kein Lasttier hatte, den größten Teil unserer Einforderung in Medina im Hause eines unserer Freunde gelassen; darum möchte ich mit Eurem Segen nun hingehen, das übrige zu holen und dazu die Stute des Klosters mitnehmen. Wenns Gottes Wille ist, komme ich morgen oder übermorgen wieder.«

Der Guardian gab ihm nicht allein die Erlaubnis, sondern lobte ihn sogar sehr über seine Sorgfalt. Als der Bruder diese Antwort erhalten hatte, machte er seine Siebensachen zusammen, zäumte die Stute auf und erwartete nur den Anbruch des Morgens, um abzugehen. Herr Roderigo, welcher die Nacht wenig oder nicht geschlafen hatte und doch wegen der Geschichte in Besorgnis war, entschloß sich, da nun der Tag herankam, seinem Diener aufzutragen, er solle um das Kloster hergehen und lauschen, ob wohl die Brüder den Magister tot gefunden haben und was sie darüber sagen. Als der Diener aus dem Hause trat, um auszurichten, was ihm aufgetragen worden war, fand er daselbst den Meister Diego vor der Tür sitzen, daß es aussah, als hielte er eine Disputation. Das jagte dem Knechte nicht geringen Schrecken ein, wie man nur über einen Leichnam erschrecken kann; er fuhr zurück, rief alsbald seinen Herrn und konnte kaum die Worte hervorbringen, um ihm zu sagen, der Leichnam des Magisters sei vor ihr Haus zurückgebracht worden. Der Ritter verwunderte sich höchlich über diesen schlimmen Fall, der seinen Besorgnissen neue Nahrung gab. Nichtsdestoweniger tröstete er sich mit der gerechten Sache, die er zu führen glaubte, und faßte den mutigen Entschluß, geradezu zu warten, was die Sache für Folgen haben werde. Damit wandte er sich zu dem Toten und sagte: »So mußt du denn der ewige Pfahl im Fleisch meines Hauses sein, von welchem ich dich weder lebendig noch tot zu entfernen vermochte! Aber dem zum Trotz, der dich hierhergebracht hat, soll es dir nicht gelingen, wieder herzukommen, es wäre denn auf einem Vieh, wie du selbst eins in der Welt gewesen bist.«

Nach diesen Worten trug er dem Diener auf, aus dem Stalle eines Nachbars einen Hengst herbeizuholen, welchen sein Besitzer für das Bedürfnis der Stuten und Eselinnen der Stadt hielt und welcher zu haben war wie die Eselin von Jerusalem. Der Diener ging in größter Eile hin und führte den Hengst herbei mit Sattel und Zaum und allem sonstigen Zubehör in bester Ordnung; und wie der Ritter früher beschlossen hatte, setzten sie den besagten Leichnam auf das Pferd, machten ihn beritten und banden ihn fest, gaben ihm eine eingelegte Lanze und den Zaum in die Hand, als wollten sie ihn in die Schlacht schicken, und führten ihn endlich in diesem Aufzuge vor das Tor der Kirche der Mönche, wo sie ihn anbanden und sofort heimkehrten. Dem Mönch schien es nunmehr Zeit, die vorgenommene Reise nunmehr anzutreten, er machte daher zuerst das Tor des Klosters auf, bestieg sodann seine Stute und ritt hinaus. Als er aber den Magister auf die besagte Weise vor dem Tor fand, so daß er in allem Ernst meinte, er drohe ihm mit seiner Lanze den Tod, ward er plötzlich von so großer Angst erfaßt, daß er in Gefahr kam, tot vom Pferd zu sinken. Dabei überfiel ihn ein gewaltiger, gräßlicher Gedanke, der Geist des Mannes müsse nämlich in seinen Körper zurückgekehrt sein und er sei ihm zur Strafe gesetzt, um ihn allenthalben zu verfolgen nach dem Glauben mancher Toren. Während er sich in dieser Täuschung und Furcht befand und nicht wußte, welchen Weg er einschlagen sollte, witterte der Hengst die Stute und wollte wiehernd der Stute zu Leib gehen, welche Bewegungen denn den Mönch immer mehr in Angst setzten. Dennoch faßte er sich und wollte die Stute ihres Weges führen; diese aber drehte ihr Hinterteil gegen den Hengst und fing an, auszuschlagen, so daß der Mönch, welcher nicht der beste Reiter war, fast herabfiel; und um den zweiten Stoß nicht abzuwarten, preßte er die Beine fest zusammen, drückte dem Tier die Sporen in die Seiten, hielt sich mit beiden Händen an dem Saumsattel fest, ließ die Zügel schießen und vertraute das Pferd der Willkür des Zufalls. Sobald nur dieses die Sporen fest in seine Flanken drücken fühlte, war es gezwungen, vorwärts zu laufen und ungezügelt den Weg einzuschlagen, der eben vor ihm lag. Als der Hengst sich so seine Beute entwischen sah, zerriß er in der Wut das schwache Band und lief der Stute eiligst nach. Der arme Mönch, der sich so den Feind im Rücken merkte, wandte sich um und sah ihn mit eingelegter Lanze wie einen rechten Turnierkämpfer auf ihn zueilen. Da verscheuchte er die erste Angst mit der zweiten und fing an, in voller Flucht zu rufen: »Helft! Helft!«

Auf dieses Geschrei und durch das Getöse der ohne Zügel dahineilenden Rosse fuhr, da es nun heller Tag geworden war, alles an die Fenster und Türen und jeder meinte in Erstaunen, er müsse vor Lachen bersten bei dem Anblick einer so ungewohnten und seltsamen Jagd zweier berittener Minoritenmönche, welche beide gleich tot aussahen. Die Stute lief ungeleitet bald da-, bald dorthin durch die Straßen, welcher Weg ihr am gelegensten kam; hinter ihr aber unterließ der Hengst nicht, sie wütend zu verfolgen, und ob der Mönch nicht mehrmals nahe daran war, von der Lanze getroffen zu werden, braucht man nicht zu fragen. Ein großes Getümmel von Leuten verfolgte die beiden beständig unter Geschrei, Zischen und Heulen und rief: »Greift sie!«

Die einen warfen Steine nach ihnen, die andern schlugen den Hengst mit Stöcken, und jedermann suchte die beiden zu trennen, nicht sowohl aus Teilnahme für den Fliehenden als in dem Wunsch, zu erfahren, wer die beiden seien, die man bei dem schnellen Rennen nicht erkennen konnte. Nach längerem Umherjagen lenkten sie zufällig auf ein Stadttor zu, bei welchem sie eingefangen, der Tote und der Lebendige zugleich festgenommen und zu großer Verwunderung aller Leute erkannt wurden. Man führte sie beide auf ihren Pferden in das Kloster, wo die Mönche sie mit unsäglichem Schmerz empfingen. Sie ließen den Toten begraben und für den Lebenden die Folter bereiten. Als diese aber fertig war, gestand er, weil er nicht die Qual aushalten wollte, offen, er habe ihn umgebracht aus dem oben angeführten Grund; aber er könne sich nicht vorstellen, wer den toten Magister auf diese Weise auf das Pferd gesetzt habe. Wegen dieses Geständnisses wurde er zwar mit der Folter verschont, aber in ein strenges Gefängnis gebracht. Es wurde sogleich durch den Pfarrer zu dem Bischof der Stadt geschickt, um ihm die heiligen Weihen abnehmen zu lassen und ihn dem weltlichen Richter überliefern zu können, der ihn nach der Vorschrift der Gesetze als Mörder aburteilen sollte. Zufällig war in diesen Tagen der König Ferrando nach Salamanka gekommen: diesem wurde die Geschichte auch erzählt, und obgleich er ein sehr gesetzter Fürst war und den Vorfall sowie den Tod eines so berühmten Gelehrten aufrichtig bedauerte, so gewann doch das Spaßhafte der Sache bei ihm die Oberhand und er lachte mit seinen Baronen so heftig darüber, daß er sich nicht mehr aufrechthalten konnte. Als nun der Zeitpunkt herankam, wo man zu der ungerechten Verurteilung des Mönchs schreiten sollte, regte sich in Herrn Roderigo, der ein sehr tugendhafter Ritter war und bei dem König hoch in Gunst stand, die Wahrheitsliebe; er dachte, sein Schweigen würde allein eine so große Ungerechtigkeit veranlassen, und entschloß sich, lieber im Notfall zu sterben als die Wahrheit über eine solche Angelegenheit verbergen. Er trat daher vor den König, während viele Barone und Leute aus dem Volk um ihn versammelt waren, und sprach: »Gnädiger Herr, das strenge und ungerechte Urteil, das über den Minoriten ist gefällt worden, und die Kenntnis der wahren Sachlage bewegen mich, die über einen so schweren Unfall obschwebende Frage zu entscheiden. Wenn daher Euer Majestät dem verzeihen will, der aus gerechtem Anlaß den Meister Diego ums Leben gebracht hat, so will ich denselbigen alsbald hierher kommen lassen und mit unzweifelhafter Wahrheit den Hergang der ganzen Sache bis ins einzelne erzählen.«

Der König, der ein gar gnädiger Herr und sehr begierig war,

die Wahrheit zu hören, gewährte huldvoll die verlangte Verzeihung, und sobald der Ritter diese hatte, erzählte er vor dem König und und allen übrigen Umstehenden vom Anfang das Verliebtsein des Magisters in seine Frau und alle Briefe und Botschaften, die er ihr gesandt, und was er dann mit ihm angefangen bis zuletzt Punkt für Punkt. Der König hatte das Zeugnis des Mönchs schon vorher gehört, und da diese Berichte in der Hauptsache zusammenstimmten, er auch Herrn Roderigo für einen rechtschaffenen Ritter ohne Falsch hielt, maß er ihm ohne weitere Prüfung in allem unbedingt Glauben bei und überdachte mit Verwunderung und Betrübnis, manchmal auch mit sattsamem Lachen diese vielbewegte, seltsame Geschichte. Um es jedoch nicht dahin kommen zu lassen, daß die unbillige Verurteilung des unschuldigen Mönchs vollzogen würde, ließ er den Guardian und den armen Mönch selber vor sich kommen. Der König verkündete ihnen dann in Gegenwart seiner Barone, der übrigen Adeligen und anderer Leute seines Gefolges, wie die Sache in Wahrheit sich begeben habe, und befahl deshalb, daß der zu einer geschärften Todesstrafe verurteilte Mönch unverzüglich in Freiheit gesetzt werde. Sobald dies geschehen war, kehrte derselbe mit wiederhergestelltem guten Namen höchst erfreut nach Hause. Herr Roderigo erhielt die bedungene Verzeihung wirklich und erntete in bezug auf seine ganze Handlungsweise in dieser Angelegenheit das größte Lob. Die Kunde von dem wunderbaren Ereignis aber ward in wenigen Tagen durch die schnelle Fama zum großen Ergötzen aller im ganzen Königreich Castilien verbreitet. Bald kam sie auch nach unserm Italien und wurde dir, großmächtigster König und Herr, kürzlich erzählt; und um deinen Befehlen zu gehorchen, habe ich die Geschichte gern niedergeschrieben, um sie so, wie sie es verdient, der Vergessenheit auf immer zu entreißen.

VERONIKA

Von Masuccio

Um 1470

Ich erinnere mich öfters, von einem uralten Großvater als vollkommene Wahrheit erzählen gehört zu haben, wie zur Zeit Karls II. in Salerno ein sonderbarer Ritter lebte aus alter, edler Familie namens Misser Mazzeo. Er war Oberrichter und reicher an Geld und Gut als irgend einer seiner Landsleute. Als er schon betagt war, starb ihm seine Gattin und es blieb ihm von ihr nur eine einzige Tochter namens Veronika, ein sehr schönes und verständiges Mädchen, die aber entweder wegen der übergroßen Liebe, welche der Vater zu ihr als seinem einzigen braven Kinde hegte, oder weil sie für irgend eine hohe Verbindung aufgehoben wurde, obschon viele sie zur Frau verlangten, doch noch immer unverheiratet zu Hause war. Nun war aber von ihrer Kindheit an ein adeliger Knabe namens Antonio Marcello immer im Hause ein- und ausgegangen unter dem Vorwand einer weitläufigen Verwandtschaft, welche zwischen ihm und der Frau des Ritters bestand, und Veronika hatte auf diese Art eine solche Liebe für ihn gefaßt, daß sie gar keine Ruhe davor hatte. Antonio war zwar ein gescheiter und sehr gesitteter Jüngling und ward von dem Vater des Mädchens als braver Sohn geliebt; aber da er die Geschichte doch vortrefflich merkte und als ein junger Mensch gegen die Angriffe der Liebe sich nicht mit seiner schwachen Einsicht schirmen konnte, entbrannte er von gleicher Glut, und da die Gelegenheit ihrem gemeinsamen Wunsch günstig war, so kosteten sie ungestört die süßesten Früchte der Liebe. Obgleich sie nun aber in der Fortsetzung dieser Genüsse mit der größten Klugheit zu Werk gingen, so war ihre Vorsicht doch nicht stark genug, den großen Schiffbruch zu umgehen, der ihnen von dem neidischen Geschick bereitet war: denn als sie eines Nachts ganz vergnügt und arglos beisammen waren, begab es sich, daß sie durch einen nicht vorher in Rechnung gezogenen Zufall von einem Diener des Hauses gesehen wurden, welcher plötzlich den Ritter herbeirief und ihm den ganzen Vorfall erzählte. Dieser ging voll Zorn mit seinen Dienern dahin, wo die Liebenden waren, welche gerade auf dem Gipfel ihrer Lust ohne Widerstand festgenommen wurden. Antonio aber, welcher sehr kräftig und mutig war, rang sich gleich wieder aus den Armen los, bahnte sich mit dem Schwert in der Hand den Weg und kehrte so, ohne von jemand erkannt oder verletzt zu werden, nach Hause. Misser Mazzeo blieb in den Tod betrübt zurück, da er sah, wohin die Sache gediehen war, und wollte nun von der Tochter wissen, wer der entflohene Jüngling sei. Sie aber war vorsichtig und kannte ihres Vaters Wesen wohl und dachte, er werde, um seine alten Tage nicht in solchem Kummer hinzubringen, ihm das Leben auf keine Weise schenken. Da ihr nun das Leben ihres Geliebten teurer war als das ihrige, gab sie ihm nach einiger Überlegung zur Antwort, sie wolle lieber jede Qual, jeden Tod selber erdulden als den Jüngling entdecken. Der Vater entflammte sich zur Wut, und als er nach vielen verschiedenen Martern sie doch hartnäckig auf ihrer Weigerung beharren sah, faßte er, sosehr die Gewalt der natürlichen Neigung widerstrebte, doch mit großer Mannhaftigkeit zuletzt den Entschluß, sie umzubringen. Er befahl daher sogleich, ohne sie weiter sehen zu wollen, zweien seiner vertrautesten Diener, sie auf eine Barke zu schleppen, einige Meilen ins Meer hinauszuführen und dann ins Wasser zu werfen. Obgleich diese es ungern taten, banden sie sie doch, um zu gehorchen, schnell und führten sie an das Meeresufer. Während sie jedoch die Barke zurechtmachten, kam einem von ihnen das Mitleid, er versuchte auf eine geschickte

Art seinen Genossen, der mit nicht weniger Widerstreben als er an einer so grausamen Handlung teilnahm, ein Wort gab das andere und so faßten sie am Ende den gemeinsamen Entschluß, wenn sie auch selbst dafür den Tod erleiden sollten, nicht allein ihr das Leben zu schenken, sondern auch sie in Freiheit zu setzen. Sie banden sie daher los und sagten ihr, wie sie aus Mitleid den rohen Urteilsspruch des Vaters nicht an ihr vollziehen wollen; zum Lohn für diese Wohltat baten sie sie, derselben nach ihrem ganzen Werte zu gedenken, wenn sie das Vaterland verlassen habe und dereinst ihr Vater ihre Handlungsweise erführe. Das arme Mädchen, welches so von ihren eigenen Dienern ihr Leben als Geschenk annehmen mußte, fühlte wohl, daß eine Danksagung weit nicht zum Lohn für eine solche Tat hinreiche, und flehte daher zum Vergelter alles Guten, daß er ihnen eine so unschätzbare Gabe ersetzen möge; und nachdem sie sich von ihrer großen Angst und Schrecken ein wenig erholt hatte, versprach und schwor sie ihnen bei der Rettung, die sie ihr zuteil werden ließen, sich auf eine Art zu benehmen, daß kein Lebender, geschweige ihr unbarmherziger Vater je von ihr Kunde erhalte. Sie schoren ihr daher die Haare, verkleideten sie mit ihren eigenen Laken, so gut sie konnten, in männliche Tracht, gaben ihr das wenige Geld, das sie bei sich hatten, wiesen ihr den Weg nach Neapel und trennten sich von ihr unter Tränen. Ihre Kleider brachten sie mit nach Hause und versicherten ihrem Gebieter, sie haben sie umgebracht und mit einem großen Stein um den Hals etwa zehn Meilen auf dem Meer in die Tiefe versenkt. Das unglückliche Fräulein, das nie aus der Stadt gekommen war, ward fast bei jedem Schritt mutloser schon bei dem Gedanken, daß sie ihren Antonio nun verlasse, ohne Hoffnung, ihn wiederzusehen, und viele eitle Gedanken an die Rückkehr gingen ihr durch den Kopf; aber in Erinnerung an die empfangene Wohltat und zugleich ihr gegebenes Versprechen hatte die Dankbarkeit, diese Blüte jeder Tugend, in ihr eine solche Kraft, daß sie jeden zuwiderlaufenden Plan verjagte. Darum nahm sie den Weg unter die Füße, obwohl sie nicht sehr gewohnt war, zu Fuß zu gehen, befahl sich in Gottes Schutz und ging, ohne selbst zu wissen wohin. So wanderte sie den ganzen Rest der Nacht über weiter mit großer Beschwerde. Gegen Tagesanbruch befand sie sich bei Nocera, wo sie zu einigen Gesellschaften stieß, welche nach Neapel gingen, und sie gesellte sich vertraulich zu ihnen. Dabei war unter andern ein kalabrischer Edelmann, welcher dem Herzog von Kalabrien ein paar Sperber überbrachte. Diesem gefiel des Jünglings Aussehen und er fragte ihn, woher er sei und ob er in Dienste gehen wolle. Veronika, welche in ihrer Kindheit durch Nachahmung einer alten, in ihrem Hause wohnenden Apulierin viele Wörter dieser Mundart gelernt hatte, fiel es ein, sich derselben beständig zu bedienen, und antwortete: »Misser, ich bin ein Apulier, und aus keiner andern Absicht von Hause fortgegangen, als um Dienste zu suchen. Da ich aber der Sohn eines edlen Vaters bin, möchte ich mich nicht gern zu niedrigen Diensten verstehen.«

Der Kalabrier sagte: »Würde es Euch anstehen, einen Sperber zu besorgen?«

Diese Frage kam Veronika sehr gelegen, da sie im Hause ihres Vaters nicht nur einen, sondern viele mit großer Zärtlichkeit besorgt hatte. Sie antwortete ihm daher, sie habe sich von Kindheit auf mit nichts anderem beschäftigt. Nachdem sie noch manches hin- und hergesprochen, wurden sie einig, daß sie ihm unterwegs einen Sperber übernehme. Als sie in Neapel angekommen waren, wurde sie von ihrem Herrn besser angetan, so daß sie wirklich ganz wie ein schmucker Schildknappe aussah, und, sei es Fügung des Schicksals oder daß ihr anmutiges Äußere ihn rührte, es begab sich, als man dem Herzog die Sperber überreichte, daß dieser zugleich mit den Sperbern den Apulier haben wollte, welcher so gut mit ihnen umzugehen wußte. So geschah es auch; er wurde auf die Liste der Hausdienerschaft gesetzt und ihm ein neapolitanischer Edelmann beigesellt. Er gab sich auch so viel Mühe, sich gut aufzuführen und seinen Dienst recht zu versehen, daß er in kurzer Zeit die Gnade seines Gebieters in einem Maße erwarb, daß er zu den Höchstgeehrten und Begünstigsten gehörte und auf diese Weise ging es in zunehmendem Glück weiter, bis es dem Schicksal gefiel, seinen Angelegenheiten eine andere Bahn vorzuzeichnen. Der alte Vater, der in unerträglichem Schmerz zurückgeblieben war, mußte sich, da die Sache in den Mund des Gerüchts den Weg gefunden hatte, die meiste Zeit zu Hause verschlossen halten und führte so dort oder zuweilen auf einem Landgut ein einsames und düsteres Leben. Antonio aber, nachdem er mit bittern, blutigen Tränen den Tod seiner Veronika beweint und bejammert hatte, war durch vorsichtige Erkundung zu der Überzeugung gelangt, daß der Ritter nie habe erfahren können, wer der entflohene Jüngling war. Um nun jeden Verdacht von sich zu entfernen und überdies von Mitleid gerührt, besuchte er ihn einige Tage nach dem Vorfall, wie wenn er beständig die zärtlichste Liebe für sein Haus fühlte, begleitete ihn meistens auf das Land und bezeugte sich gegen ihn wie ein leiblicher, gehorsamer Sohn mit größter Nachgiebigkeit und Teilnahme. Misser Mazzeo wußte dies besonders hochzuschätzen, da es ihm schien, Antonio sei der einzige, der ihn in der mißlichen Lage nie verlassen habe. Aus diesem Grunde und wegen der eigentümlichen Vorzüge des Jünglings fühlte er sich genötigt, ihn wie seinen eigenen Sohn zu lieben, und wandte ihm so sehr alle Neigung seines Herzens zu, daß er keine Stunde ohne seinen Antonio bleiben konnte. Da er nun sah, daß dieser in solchem Gehorsam und Dienstwilligkeit mit Ehrerbietung und Liebe fortfuhr, entstand in dem Herzen des Ritters, dieweil ihn sein unseliges Los ohne Erben gelassen, der Wunsch, ihn im Leben und im Tod zum Sohn anzunehmen. Dieser Gedanke reifte zum Entschluß, und als er seine letzte Willensmeinung aufsetzte, bestellte er seinen Antonio zum Erben aller seiner fahrenden und liegenden Habe und gesegnete auch bald darauf das Zeitliche. Antonio sah sich nun im Besitz einer so großen Erbschaft, zog in das Haus des Ritters ein und es war keine Stelle, die ihn an seine Geliebte erinnerte, auf der er nicht geweint und geseufzt hätte. Es kam ihm nicht aus dem Sinn, daß sie lieber habe den Tod erdulden als ihn entdecken wollen, und von dieser Liebestat durchdrungen und noch viele andere schöne Eigenschaften seiner Veronika erwägend, faßte er bei sich den Plan und Entschluß, sich nie zur Eingehung einer Ehe verstehen zu wollen. Unterdessen geschah es, daß der Herzog beschloß, eine Reise nach Kalabrien zu machen. Dies war dem Apulier über die Maßen lieb, angesehen, daß er nicht allein sein Vaterland wiedersehen, sondern auch wieder gelegenheitlich irgend etwas von dem Geliebten und dem Vater vernehmen durfte, den Veronika doch durchaus nicht zu hassen vermochte; denn um sich nicht irgendwie zu verraten, hatte sie vermieden, nach ihnen zu fragen, und daher nie etwas von ihnen erfahren. Als sie in Salerno ankamen, wurde das Gefolge des Herzogs nach Stand und Würden in verschiedenen Häusern untergebracht, und das Schicksal, welches Veronika von den langen Bedrängnissen und Leiden, die sie erduldet, befreien und mit ihrem Antonio in Freude versetzen wollte, fügte es, daß durch eine ganz zufällige, unabsichtliche Anordnung dem Antonio Marzello das Los zufiel, den Apulier samt seinem Genossen in sein Haus aufnehmen zu müssen. Welche Wonne dies Veronika bereitete, kann jeder selbst beurteilen. Sie wurden von Antonio sehr ehrenvoll und freundlich aufgenommen und am Abend bereitete er ihnen eine kostbare Mahlzeit. In demselben Gang, wo er sich meistens mit seiner Geliebten zu vergnügen pflegte, faßten sie nun einander ins Auge, es stellte sich ihm eine Weile das Bild seiner Geliebten, und indem er ihres Lebens und Todes gedachte, begleitete er alle seine Worte mit heißen Seufzern. Veronika, die sich so in ihr eigenes Haus geführt sah, war zwar sehr erfreut, ihren treuen Liebhaber so im Besitz von allem zu sehen; aber da sie weder den Vater noch jemand von der zur Zeit ihres Scheidens hier anwesenden Dienerschaft erblickte, erfaßte sie eine natürliche Wehmut, sie wünschte Aufschluß zu haben, und doch scheute sie sich, zu fragen. Während sie so unentschlossen bei Tisch saß, fragte ihr Genosse Antonio, ob das im Gang abgemalte Wappen das seinige sei. Antonio antwortete nein, vielmehr gehöre es einem sehr würdigen Ritter namens Misser Mazzeo, dem Oberrichter, welcher, dieweil er in seinem Alter keine Kinder gehabt, ihn zum Erben aller seiner Güter eingesetzt habe, weshalb er denn als ein angenommener Sohn nicht nur die Besitzungen, sondern auch den Namen des Hauses und das Wappen wie von seinem leiblichen Vater sich zu eigen gemacht. Als Veronika diese Kunde vernahm, fühlte sie sich plötzlich so erheitert, daß sie nur mit Mühe die Tränen zurückhielt. Doch tat sie sich Gewalt an, um die Mahlzeit nicht zu stören. Als diese aber vorbei war, konnte sie nicht länger warten, ihr unbestrittenes Besitztum, welches ihr das günstige Geschick bis hierher aufbewahrt hatte, in ihre offenen Arme aufzunehmen. Sie faßte daher Antonio bei der Hand, verließ ihren Begleiter und die andere Gesellschaft und sie traten in ein anderes Gemach. Dort wollte sie einige Worte sprechen, die sie vorher ausgedacht hatte, um zu sehen, ob er sie wiedererkenne, aber die Freude ihres Herzens und die Tränen ließen ihr nicht zu, den Mund aufzutun, vielmehr sank sie kraftlos ihm in die Arme und konnte nur hervorbringen: »O mein Antonio, ists möglich, daß du mich nicht kennst?«

Er, der, wie schon gesagt, bereits seine Veronika zu erkennen gemeint hatte, war nun, da er die Worte hörte, plötzlich von der Richtigkeit seiner Vermutung überzeugt und sagte, von größter Rührung überwältigt: »Ach, so lebst du denn noch, mein Herz?«

Nach diesen Worten sank auch er über sie hin. So hielten sie sich lange stumm umarmt, und da sie wieder zu sich kamen und sich ihre seitherigen Schicksale erzählten, erkannte Antonio, daß das für sie beide so erfreuliche Ereignis nicht verheimlicht werden dürfe. Sie verließen daher das Zimmer, und obwohl es spät war, schickte Antonio schleunigst aus und beschied die ganze Verwandtschaft Veronikas und seine eigene, sie möchten sich wegen einer Sache von höchster Wichtigkeit in sein Haus verfügen. Sie kamen sogleich heran und sobald sie versammelt waren, bat er sie, sie möchten ihn zum Palast des Fürsten begleiten, denn er beabsichtige, mit ihrer Erlaubnis von der Gnade des Herzogs die Wiedereinsetzung eines früher dem Misser Mazzeo angehörigen adeligen Lehens zu erbitten, das schon seit Jahren in fremdem Besitz befindlich, dem rechten Eigentümer, weil er unbekannt gewesen, keinen Nutzen getragen habe. Alle gingen gern mit ihm hin, und sobald sie vor dem Fürsten standen, nahm er seine Veronika bei der Hand und vor allen Anwesenden erzählten nun die beiden ihre frühern und neuern Begegnisse Punkt für Punkt, ohne etwas auszulassen, und erklärten sodann, wie sie schon zu Anfang ihrer Liebe sich durch ihr feierliches Wort und beiderseitige Zustimmung geheiratet und beabsichtigen mit Genehmhaltung seiner fürstlichen Gnaden vor so würdigen Zeugen diesen Ehebund öffentlich anzuerkennen. Sosehr sich der Herzog mit seinen Baronen und der ganzen Verwandtschaft und allen andern Einheimischen und Fremden darüber verwunderte, als sie diese seltsamen Begebenheiten vernahmen, so war es doch jedem sehr erfreulich, zu sehen, welches gute und ehrenvolle Ende die Sache nahm, und das Verfahren Antonios sowie das würdige Benehmen Veronikas wurde von allen gelobt. Der Herzog entließ sie mit großer Freude nach Hause und veranstaltete am andern Morgen eine feierliche, prunkvolle Messe, welcher er selbst mit vielen Adeligen und andern Leuten beiwohnte. Bei derselben wurde zur allgemeinen Freude unserer Salernitaner Veronika dem Antonio nach Stand und Würden angetraut. Sie teilten sehr große Geschenke aus und lebten in Glück und Reichtum, von inniger Liebe und schönen Kindern erfreut, lange Zeit ungestört bis an ihr Ende.

EIN FLORENTINER SCHWANK

(Verfasser unbekannt)

Um 1480

In der Stadt Florenz im Jahre 1409 versammelte sich eines Sonntag abends eine Gesellschaft junger Leute zum Nachtessen im Hause eines florentinischen Edelmanns namens Tommaso de Pecori, eines ehrenwerten, rechtschaffenen, heiteren Mannes, der ein großer Freund der Geselligkeit war. Als man nach Tische um das Feuer herumstehend über dies und jenes plauderte, wie es bei dergleichen Veranlassungen unter Bekannten zu geschehen pflegt, sagte einer von ihnen: »Was soll nur das heißen, daß diesen Abend Manetto Ammannatini nicht herkommen wollte und daß wir ihn durchaus nicht heranzubringen vermochten.«

Der besagte Manetto war und ist noch ein Verfertiger von ausgelegten Holzarbeiten und hatte seine Bude am Platze San Giovanni. Er galt für einen der besten Meister in der besagten Holzarbeit sowohl als in Verfertigung von Werkzeugen für die Arbeitstische der Frauen. Dabei war er ein ganz angenehmer Mensch, eher arglos als schlau, etwa 28 Jahre alt, und weil er derb und groß gebaut war, nannte man ihn den Dicken. Er war sonst immer gewohnt, sich in der obengenannten Gesellschaft einzufinden, welche aus lauter fröhlichen und lebenslustigen Leuten bestand; diesen Abend aber, seien es anderweitige Geschäfte oder Grillen, wie er sie manchmal hatte, oder was sonst immer, obgleich man es ihm oft gesagt hatte, wollte er sich nicht bereden lassen, hinzugehen. Als daher jene überlegten und sich besannen, was schuld daran sein möge, aber keinen Grund auffinden konnten, kamen sie einstimmig zu dem Schlusse, es könne nichts anderes als Grillenfängerei von ihm gewesen sein. Sie hielten sich dadurch ein wenig für beleidigt und der Sprecher von vorhin sagte deshalb: »Aber warum spielen wir ihm nicht einmal einen Streich, damit er sich nicht daran gewöhnt, um seiner Grillen willen uns ganz zu vernachlässigen?«

Darauf erwiderte ein anderer: »Was können wir ihm aber anhaben, als daß wir ihn eines Abends die Zeche bezahlen lassen oder sonst eine Lumperei?«

Es war unter dieser Tischgesellschaft einer namens Filippo di Ser Brunellesco, dessen Verdienst, wie ich glaube, damals und jetzt bekannt ist. Dieser ging vertraut mit dem Dicken um und kannte sein Wesen genau. Er war ein feiner Kopf, und nachdem er eine Weile bei sich nachgesonnen und seine Phantasie hatte spielen lassen, begann er also: »Hört, liebe Freunde, wenn wir Lust haben, da fällt mir etwas ein, eine so hübsche Posse, die wir dem Dicken spielen können, daß wir davon den größten Spaß hätten. Mein Plan besteht nämlich darin, daß wir ihm weismachen, er sei aus sich selber herausgetreten und in einen andern verwandelt, er sei nicht mehr der Dicke, sondern sei ein anderer geworden.«

Hierauf wandten zwar die andern ein, dies sei unmöglich auszuführen; Filippo aber führte ihnen seine Gründe und Beweise an und wußte durch seinen scharfen Verstand ihnen dieselben so überzeugend zu machen, daß sie zuletzt nicht mehr an der Ausführbarkeit des Planes zweifelten. Sie verständigten sich daher über die Art und Weise, wie jeder ihn auf den Glauben zu bringen suchen solle, er sei ein gewisser Matteo, der auch zu ihrer Gesellschaft gehörte, und die Sache nahm am nächsten Abend ihren Anfang in folgender Gestalt. Filippo di Ser Brunellesco, bekannter mit dem Dicken als die übrigen, trat zu der Stunde, da die Handwerker ihre Läden zu schließen pflegen, in die Bude des Dicken ein und plauderte eine Weile mit ihm, bis verabredetermaßen ein kleiner Knabe eilig gelaufen kam und fragte: »Kommt hierher nicht zuweilen Filippo di Ser Brunellesco? und ist er vielleicht jetzt da?«

Filippo trat auf ihn zu, sagte, ja, er sei der Mann, und fragte den Knaben, was er begehre. Darauf antwortete der Knabe: »Ihr sollt, so schnell Ihr könnt, nach Hause kommen, denn vor zwei Stunden hat Eure Mutter ein großes Unglück gehabt und sie ist halb tot. Deswegen kommt nur bald!«

Filippo stellte sich an, als wäre er heftig betrübt über diesen Unfall, und rief: »Gott steh mir bei!«

Damit nahm er Abschied von dem Dicken. Der Dicke sagte teilnehmend: »Ich will mit dir gehen, im Fall du etwas nötig hast. Das sind Fälle, in denen man seine Freunde nicht schonen muß.«

Filippo bedankte sich und sprach: »Ich nehme dich jetzt nicht mit, aber wenn ich etwas bedarf, so will ich es dir sagen lassen.«

Filippo ging und schlug anscheinend den Weg nach seiner Wohnung ein, bog aber um und begab sich nach dem Hause des Dicken, welches der Kirche der Santa Reparata gegenüberlag. Er öffnete die Tür mit einem Messerchen, ein Verfahren, das er gut verstand, trat ins Haus und schloß sich innen mit dem Riegel so fest ein, daß niemand hineingelangen konnte. Der Dicke hatte eine Mutter, welche dieser Tage nach Polverosa gegangen war, wo sie ein Gütchen besaß, um dort eine Wäsche zu veranstalten; sie konnte jeden Tag zurückkommen. Der Dicke ging, nachdem er seine Bude geschlossen hatte, seiner Gewohnheit nach einigemal auf dem Platze San Giovanni auf und ab, den Kopf mit Gedanken an Filippo erfüllt und von lauter Mitleid mit dessen Mutter. Um 1 Uhr nach Sonnenuntergang sagte er bei sich selbst: »Nun bedarf Filippo heute meiner doch nicht mehr, da er noch immer nicht nach mir geschickt hat.«

Er beschloß aber, nach Hause zu gehen; und als er vor seiner Türe, zu der man zwei Stufen in die Höhe trat, angelangt war und wie sonst aufschließen wollte, gelang es ihm nach mehrmaligen Versuchen nicht. Da merkte er, daß von innen der Riegel vor sei. Er klopfte an und rief: »Wer ist denn oben? Mach mir auf!«

Er war der Meinung, seine Mutter sei vom Dorfe zurückgekommen und habe die Tür aus irgend welcher Vorsicht oder in Gedanken von innen geschlossen. Filippo, welcher drinnen war, trat an die Spitze der Treppe und sagte: »Wer ist unten?«

Dabei ahmte er die Stimme des Dicken nach. Dieser aber entgegnete: »Mach mir auf!«

Filippo tat, als halte er den Pochenden für jenen Matteo, in welchen sie den Dicken glauben machen wollten, daß er verwandelt sei; sich selbst aber stellte er als den Dicken dar und sagte: »Ei, Matteo, geh mit Gott! Ich bin heute gar nicht aufgelegt, denn eben war Filippo di Ser Brunellesco in meiner Bude und da wurde ihm gemeldet, seine Mutter sei seit zwei Stunden am Tode. Das hat mich für den ganzen Abend betrübt gemacht.«

Und nach innen gewendet, fügte er hinzu: »Mona Giovanna (denn so hieß die Mutter des Dicken), macht, daß ich zu essen bekomme! Es ist doch gar zu arg; vor zwei Tagen solltet Ihr schon wieder da sein und kommt nun erst heute Nacht.«

So sagte er noch einige verdrießliche Worte und ahmte dabei immer die Stimme des Dicken nach. Als der Dicke so rufen hörte und dabei doch seine eigene Stimme zu vernehmen glaubte, sagte er: »Was heißt denn das? Kommt es mir doch vor, der da droben sei ich, der da sagt, Filippo sei in seiner Bude gewesen, als man ihm ankündigte, seine Mutter befinde sich nicht wohl. Und überdies schwatzt er mit Mona Giovanna. Warhaftig, ich bin ganz von Besinnung.«

Er trat die beiden Stufen wieder hinab und stellte sich zurück, um zu den Fenstern hinaufzurufen. Da kam verabredetermaßen einer namens Donatello hinzu, ein Marmorbildhauer und genauer Freund des Dicken; und wie er so in der Dämmerung vorüberging, sagte er: »Guten Abend, Matteo! Suchst du den Dicken? Er ist gerade eben ins Haus hineingegangen.«

Nach diesen Worten ging er seiner Wege. War nun der Dicke vorher voll Verwunderung, so stand er nun, wie er hörte, daß Donatello ihn Matteo nannte, ganz verblüfft und ging wieder auf den San Giovanni-Platz, indem er zu sich sagte: »Ich will so lange hier bleiben, bis jemand vorbeigeht, der mich kennt, und mir sagen kann, wer ich eigentlich bin. Bin ich denn Calandrino, daß ich so geschwind ein anderer geworden bin, ohne es zu merken?«

Und während er so halb von Sinnen dastand, kamen nach Abrede vier Diener des Handelsgerichts nebst einem Notar und mit ihnen ein Gläubiger jenes Matteo, für welchen der Dicke schon auf dem besten Wege war sich zu halten. Der Gläubiger trat dicht zum Dicken heran, wandte sich zu dem Notar und den Bewaffneten und sagte: »Führt mir hier den Matteo hinweg! Dieser ist mein Schuldner. Siehst du wohl, ich habe deine Spur so lange verfolgt, bis ich dich endlich erwischt habe.«

Der Gerichtsdiener und der Notar nahmen ihn fest und schickten sich an, ihn hinwegzuführen. Der Dicke aber wandte sich an den, der ihn greifen ließ, und sprach: »Was habe ich mit dir zu schaffen, der du mich festnehmen lässest. Sage, sie sollen mir die Freiheit geben! Du nimmst mich für einen andern, denn ich bin nicht der, für den du mich hältst, und du begehst schweres Unrecht, daß du mir diese Schmach antust, während ich gar nichts mit dir zu schaffen habe. Ich bin der dicke Tischler und nicht Matteo und weiß nicht, für was für einen Matteo du mich ausgibst.«

Hiermit wollte er anfangen, sich zu widersetzen, da er groß und sehr kräftig war. Sie fielen ihm aber rasch in die Arme und hielten ihn; der Gläubiger trat vor ihn hin, faßte ihn scharf ins Auge und sagte: »Wie? Du hast nichts mit mir zu schaffen? So? Ich sollte den Matteo, meinen Schuldner, nicht kennen und nicht wissen, wie der dicke Tischler aussieht? Du stehst in meinem Schuldbuche und ich habe das Urteil gegen dich schon ein Jahr lang erwirkt trotz deiner Schliche. Du hast ganz recht, wie ein Schuft zu sagen, du seiest nicht Matteo; du wirst aber schon lernen müssen, mich zu bezahlen, statt dich zu einem andern zu machen. Führt ihn nur hinweg und wir wollen sehen, ob du derselbe bist.«

Unter solch heftigem Gezänk führten sie ihn auf das Handelsgericht, und weil es fast schon die Zeit des Abendessens war, trafen sie weder unterwegs noch an Ort und Stelle jemand an, der sie kannte. Dort angelangt schrieb der Notar scheinbar einen Verhaftbefehl auf Matteos Namen ein, man brachte ihn ins Gefängnis, und wie er hereintrat, drängten sich die andern Gefangenen, welche den Lärm bei seiner Ankunft vernommen hatten und ihn öfters Matteo nennen hörten, ohne ihn zu kennen, heran und sagten alle: »Guten Abend, Matteo, was soll denn das bedeuten?«

Als der Dicke sich von allen diesen Leuten Matteo nennen hörte, schien es ihm fast ausgemacht, daß er es sei, und sagte, nachdem er ihren Begrüßungen geantwortet hatte, ganz verwirrt: »Ich soll da einem, der mich hat festnehmen lassen, eine Summe Gelds geben, aber ich will mich morgen bei guter Zeit losmachen.«

Die Gefangenen sagten: »Du siehst, wir sind eben beim Abendessen. Halt es mit uns und dann morgen früh magst du dich freimachen. Aber wir können dir aus Erfahrung sagen, daß man hier immer länger bleibt, als man glaubt.«

Der Dicke speiste mit ihnen und nach der Mahlzeit räumte ihm einer den schmalen Rand seines Lagers ein, indem er sagte: »Matteo, richte dich heute Nacht hier ein, so gut du kannst! Morgen früh, wenn du loskommst, so ist es gut; wo nicht, so schickst du nach deinem Hause um eine Decke.«

Der Dicke dankte ihm, sie legten sich nieder, um zu schlafen, er aber begann im Stillen folgende Überlegungen: »Was will ich machen, wenn ich einmal aus dem Dicken der Matteo geworden bin? Und das kommt mir nun ziemlich gewiß vor nach all den Zeichen, die ich gesehen habe. Schicke ich nach Hause zu meiner Mutter und der Dicke ist dort, so machen sie sich lustig über mich und man wird sagen, ich sei verrückt geworden. Auf der andern Seite scheint es mir doch immer noch, ich sei der Dicke.«

Und unter solchem Selbstgespräch, bald seiner Sache gewiß, daß er Matteo, bald, daß er der Dicke sei, kam der Morgen heran, fast ohne daß er geschlafen hatte. Als es Tag wurde, erhob er sich, trat an das Fensterchen an der Tür des Gefängnisses und dachte, er müsse gewiß eines Menschen habhaft werden, der ihn kenne. Während er so wartete, trat in das Handelsgericht ein junger Mann namens Giovanni di Messer Francesco Rucellai, welcher auch zu jener Gesellschaft gehörte und an dem Abendessen sowie an der spaßhaften Verschwörung teilgenommen hatte. Er war ein genauer Bekannter des Dicken, welcher für ihn eben einen Himmel zu einer heiligen Jungfrau anfertigte, und erst gestern war er eine gute Weile bei ihm in der Bude gewesen, um die Arbeit zu beschleunigen, und der Dicke hatte ihm versprochen, ihm in vier Tagen den Rahmen vollständig zu liefern. Wie nun Giovanni in das Gerichtshaus getreten war, streckte er seinen Kopf in den Flur, auf welchen das Fenster der Gefängnisse ging, das in jener Zeit zu ebener Erde war und wo sich der Dicke befand. Sobald er Giovanni erblickte, lächelte er und sah ihn an; Giovanni sah ihn auch an und sagte, als ob er ihn niemals gesehen hätte: »Was lachst du, Freund?«

Der Dicke, dem es vorkam, er werde von jenem nicht erkannt, sagte: »O ich lache über weiter nichts. Sagt mir, kennt Ihr nicht einen, den man den Dicken nennt, der gleich dort hinten am Platz San Giovanni wohnt und ausgelegte Holzarbeiten macht?«

»Ei freilich«, sagte Giovanni. »Ich kenne ihn wohl. Er ist mein guter Freund, und gerade will ich zu ihm gehen wegen einer kleinen Arbeit, die er mir macht.«

Der Dicke fuhr fort: »Ach, so tut mir doch den Gefallen, da Ihr ohnehin zu ihm gehen müßt, und sagt zu ihm: Es sitzt im Handelsgericht einer deiner Freunde gefangen und bittet dich, du möchtest ihm doch den Gefallen tun, einen Augenblick bei ihm anzusprechen.«

Giovanni sagte, indem er ihm fortwährend fest ins Gesicht sah und nur mit Mühe das Lachen verhalten konnte: »Das will ich gern tun.« Damit ging er weiter seinen Geschäften nach.

Der Dicke aber blieb am Fenster des Gefängnisses und sagte bei sich selbst: »Nun kann ich sicher sein, daß ich nicht mehr der Dicke, sondern daß ich Matteo geworden bin. Verwünscht sei mein Schicksal! Denn wenn ich die Sache sage, so werde ich vollends für närrisch gehalten und auf der Gasse laufen mir die Kinder nach; sage ich aber nichts, so können noch hundert Mißverständnisse vorkommen, wie das von gestern Abend, daß ich festgenommen wurde; so bin ich also auf jeden Fall übel daran. Wir wollen aber doch sehen, ob der Dicke kommt. Wenn er kommt, so erzähle ich es ihm und wir werden sehen, was das heißen soll.«

Er wartete in dem Wahne, dieser werde kommen, eine geraume Zeit; als er aber nicht kam, trat er zurück, um einem andern Platz zu machen, und stierte das Pflaster zu seinen Füßen an oder er blickte mit gefalteten Händen auf zur Decke. Es war dieser Tage in dem besagten Gefängnisse schuldenhalber auch ein Richter in Haft, ein ganz wackerer Mann, ebenso durch den Ruf seiner allgemeinen Bildung als seiner Gesetzeskunde bekannt, dessen Name aus Achtung vor ihm hier verschwiegen werden soll. Dieser kannte zwar den Dicken nicht; doch da er ihn so schwermütig sitzen sah und sich einbildete, er sei um seine Schuld betrübt, gedachte er ihn ein wenig zu trösten und sagte zu ihm: »Ei, Matteo, du bist ja so trübselig, als ob es dir geradezu an den Hals ginge, und doch ist nach dem, was du sagst, deine Schuld gering. Man muß sich nicht im Unglück niederdrücken lassen. Warum schickst du nicht nach einem deiner Freunde oder Verwandten aus und suchst deinen Gläubiger zu bezahlen oder dich irgendwie mit ihm zu verständigen, damit du auf freien Fuß kommst und den Mut nicht ganz und gar verlierst.«

Als sich der Dicke so wohlmeinend trösten hörte, entschloß er sich, dem Mann seine Not zu klagen. Er zog ihn in einen Winkel des Gefängnisses und hub an: »Obgleich Ihr mich nicht kennt, werter Herr, so kenne ich doch Euch wohl und weiß, daß Ihr ein braver Mann seid. Ich habe daher beschlossen, Euch den Grund zu sagen, warum ich so schwermütig bin. Ihr sollt nicht glauben, daß eine kleine Schuld mir solches Leid erregt – es ist etwas anderes.«

Darauf erzählte er ihm von Anfang bis zu Ende alles, was ihm begegnet war, fast unter lauter Tränen, und bat sich zweierlei von ihm aus, daß er erstens mit niemand von dieser Sache spreche und sodann, daß er ihm irgend einen guten Rat oder Hilfe in seiner Not erteile. Er setzte hinzu: »Ich weiß, daß Ihr lange Zeit studiert habt und habt viele alte Bücher und Geschichten gelesen, in denen mannigfaltige Ereignisse beschrieben sind. Fandet Ihr wohl jemals eine Geschichte darin, welche dieser gleicht?«

Als der wackere Mann diese Rede vernommen und still bei sich erwogen hatte, meinte er, es sei von zwei Fällen nur einer möglich; entweder sei jener närrisch geworden oder die ganze Sache sei nur eine Posse, wie es auch war. Er antwortete also schnell, er habe vielerlei der Art gelesen, wie nämlich aus einem Menschen ein anderer geworden, und dies sei gerade kein unerhörter Fall.

»Ich hatte«, fügte er hinzu, »früher selbst einen Bauern der Art, dem dieses begegnete.«

Der Dicke seufzte schwer und wußte gar nicht, was er sagen sollte, wenn das so wäre.

»Das nämliche«, fuhr der Richter fort, »liest man von den Begleitern des Ulysses und von andern, welche die Circe verwandelt hat. Allerdings ist, so viel ich höre und nach dem, was ich auch gelesen habe, wenn ich mich recht erinnere, schon mancher wieder zu seiner vorigen Gestalt zurückgekehrt, aber das geschieht doch selten, zumal wenn die Sache lange ansteht.«

Darauf sagte der Dicke: »Sagt mir nun aber, wenn ich Matteo geworden bin, wie ist es dann mit dem alten Matteo?«

Der Richter antwortete: »Notwendigerweise muß aus ihm der Dicke geworden sein.«

»Gut«, sagte der Dicke. »Ich möchte ihn doch auch ein bißchen sehen, um meine Neugier zu stillen.«

Unter diesen Gesprächen war es fast Nachmittag geworden, als zwei Brüder dieses Matteo in das Handelsgericht kamen und den Notar der Kasse fragten, ob nicht hier ein Bruder von ihnen gefangen sitze namens Matteo und wegen welcher Summe man ihn festgenommen habe; sie seien seine Brüder und wollten für ihn bezahlen, um ihn aus der Haft zu befreien. Der Notar der Kasse, der um den ganzen Handel wußte, da er ein genauer Freund des Tommaso Pecori war, bejahte die erste Frage, tat, als blättere er in einem Buche herum und sagte: »Er ist hier wegen so und so viel auf Ansuchen von dem und dem.«

»Gut«, sagten sie, »wir wollen ihm ein paar Worte sagen und alsdann für die Herbeischaffung des Geldes sorgen.«

Und auf das Gefängnis zugehend sagten sie zu einem, der am Fenster stand: »Sage doch dem Matteo drinnen, es seien zwei von seinen Brüdern hier, welche kommen, um ihn zu befreien! Er solle ein wenig herkommen.«

Während die Brüder hineinschauten, erkannten sie nur zu gut jenen Doktor, welcher mit dem Dicken sprach. Als der Dicke die Meldung vernomnomen hatte, fragte er noch den Doktor, was denn aus seinem Bauern geworden sei, und als er ihm sagte, er sei nicht mehr in seine frühere Gestalt zurückgekehrt, machte sich der Dicke doppelt so trübe Gedanken, trat an das Gitter und grüßte sie. Darauf begann der ältere der beiden Brüder solchergestalt zu sprechen: »Du weißt, Matteo, wie oft und viel wir dich ermahnt haben, von dem schlechten Lebenswandel abzulassen, den du seither geführt hast. Du weißt, wir haben dir täglich gesagt: Du gerätst tagtäglich in Schulden, heute bei diesem, morgen bei jenem, und bezahlst nie einen Menschen, denn die liederlichen Ausgaben, zu welchen dich Spiel und andere Dinge verleiten, machen, daß du nie einen Heller in der Tasche hast.«

»Nun haben sie dich vollends eingesteckt. Du weißt, daß wir die Mittel haben, und weißt, wir können jeden Tag für dich bezahlen. Du hast aber seit einiger Zeit einen wahren Schatz vergeudet für deine Lumpereien, und darum sagen wir dir alles Ernstes, wenn es uns nicht um unsere Ehre wäre und um deine Mutter, die uns keine Ruhe läßt, so ließen wir dich hier ein wenig mürb werden, damit du in dich gingest. Für diesmal jedoch haben wir uns entschlossen, dich herauszuholen und für dich zu bezahlen, aber mit der Warnung, wenn du wieder einmal hier hineingerätst, so mußt du länger hier bleiben, als dir lieb ist. Damit genug! Damit wir aber bei Tag hier nicht gesehen werden, wollen wir heute Abend um Avemaria dich abholen, wenn weniger Leute um den Weg sind, damit nicht jedermann Zeuge unseres Elends wird und wir uns um deinetwillen nicht noch mehr schämen müssen.«

Der Dicke gab ihnen gute Worte und versprach hoch und teuer, er wolle in Zukunft ein ganz anderes Leben führen, als er seither getan, und sich hüten, solchen Unfug zu treiben und ihnen so viel Schande ins Haus zu bringen. Er bat sie um Gottes willen, sie möchten ihn doch ja abholen, sobald es Zeit sei. Sie versprachen es zu tun und gingen hinweg; er aber zog sich zurück und sagte zu dem Richter: »Es kommt immer besser bei mir, denn eben sind zwei Brüder des Matteo dagewesen, eben jenes Matteo, mit dem ich verwechselt werde, und haben mit mir gesprochen gerade als wäre ich Matteo, und haben mich ernstlich ermahnt, aber dabei gesagt, sie wollen um Avemaria kommen, um mich abzuholen. Und«, fügte er hinzu, »wenn sie mich aus dem Gefängnis wegführen, wo soll ich alsdann hin? In mein Haus kann ich nicht zurück, denn wenn dort der Dicke ist, was soll ich sagen, will ich nicht für einen Narren gehalten werden? Und es scheint mir ganz gewiß, daß der Dicke dort ist, denn wäre er nicht zu Hause, so hätte ja meine Mutter mich suchen lassen, während jetzt, wenn sie ihn vor sich sieht, sie diesen Irrtum nicht gewahr wird.«

Der Richter hielt das Lachen nur mit großer Mühe und hatte über die Geschichte eine außerordentliche Freude.

»Geh ja nicht dorthin«, sagte er, »sondern folge denen, die

sich für deine Brüder ausgeben! Du wirst bald sehen, wohin sie dich führen und was sie dann mit dir anfangen.«

Während sie so zusammen sprachen, kam der Abend heran, die Brüder langten an und stellten sich, als wenn sie den Gläubiger und die Kasse befriedigt hätten. Da erhob sich der Notar von seinem Sitze mit den Schlüsseln des Gefängnisses und sprach hinein: »Wer von euch ist der Matteo?«

Der Dicke trat vor und sagte: »Ich bin es, mein Herr!«

Der Notar betrachtete ihn aufmerksam und sagte: »Diese deine Brüder haben deine Schuld für dich bezahlt; du bist demnach frei.«

Darauf öffnete er das Tor des Gefängnisses und sprach: »Geh deines Weges!«

Der Dicke trat heraus, und da es schon sehr dunkel war, machte er sich mit jenen auf den Weg nach ihrer Wohnung bei San Felicita, wo man nach San Giorgio hinaufgeht. Als sie dort angekommen waren, führten sie ihn in ein Zimmer zu ebener Erde und sagten zu ihm: »Verweile hier, bis es Essenszeit ist.«

Sie taten, als wollten sie ihn der Mutter nicht unter die Augen bringen, um sie nicht zu betrüben. Nicht weit vom Feuer war ein kleines Tischchen bereitet. Einer der Brüder blieb bei ihm am Kamin sitzen, der andere ging zum Pfarrer von Santa Felicita, ihrem Seelsorger, welcher eine ehrliche Haut war. Zu diesem sagte er: »Lieber Herr, ich komme zu Euch mit dem Vertrauen, wie es ein Nachbar zum andern haben soll. Ihr müßt wissen, daß wir drei Brüder sind, und darunter ist einer, welcher Matteo heißt. Dieser wurde gestern wegen einiger Schulden, die er gemacht, im Handelsgericht verhaftet und hat sich nun die Gefangenschaft so zu Herzen gezogen, daß es uns vorkommt, er sei fast nicht mehr richtig im Kopf; indes scheint er nur in einem einzigen Punkte zu wanken, in allen andern ist er noch ganz der alte Matteo; die schwache Seite ist nämlich die, daß er sich in den Kopf gesetzt hat, er sei ein anderer geworden als Matteo. Habt Ihr je eine so tolle Geschichte gehört? Er sagt geradezu, er sei ein gewisser dicker Tischler, welcher seine Bude hinter San Giovanni hat und bei Santa Maria del Fiore wohnt. Das können wir ihm durchaus nicht aus dem Kopf bringen. Wir haben ihn daher aus dem Gefängnis befreit, nach Hause geführt und in eine besondere Stube gebracht, damit seine Narrheiten nicht weiter unter die Leute kommen; denn Ihr wißt wohl, wer einmal aus diesem Horn geblasen hat, der wird, wenn er auch aufs beste zu seinem Verstand zurückkehrt, doch immer gefoppt. Und wenn es unsere Mutter bemerkte, ehe er wieder zur Besinnung kommt, könnten allerlei Unannehmlichkeiten daraus entstehen. Die Frauen lassen sich gar leicht erschrecken; sie ist alt und kränklich. Und darum, um es kurz zu machen, wollen wir Euch bitten, aus Erbarmen mit nach unserm Hause zu kommen, damit Ihr mit ihm sprecht und versucht, ihm seine Einbildungen aus dem Sinne zu bringen. Wir würden Euch zeitlebens dafür dankbar sein.«

Der Priester war ein dienstfertiger Mann und erbot sich daher zu allem. Er sagte, wenn er mit ihm spreche, so werde er der Sache bald auf den Grund sehen; er wolle ihm schon so lange und so eindringlich zureden, daß er wohl hoffe, ihm die Sache aus dem Kopf zu treiben. Er machte sich gleich mit jenem auf den Weg nach dem Hause, und als sie vor das Zimmer kamen, wo sich der Dicke befand, trat der Priester hinein und der Dicke, welcher in seine Gedanken vertieft dasaß, stand auf, sobald er ihn erblickte. Der Priester sagte zu ihm: »Guten Abend, Matteo!«

»Guten Abend und gute Zeit!« erwiderte der Dicke. »Was führt Euch zu mir?«

Darauf entgegnete der Priester: »Ich bin gekommen, um ein wenig bei dir zu bleiben.«

Sodann setzte er sich nieder und sagte zu dem Dicken: »Sitze hier neben mich, ich will dir dann sagen, was mein Begehr ist.«

Der Dicke, um nicht zu widersprechen, saß zu ihm hin und der Priester fing an, ihm folgende Ermahnung zu halten: »Die Ursache, weshalb ich hierhergekommen bin, Matteo, ist, weil ich eine Sache vernommen habe, die mir ernstlich Kummer macht. Wie ich nämlich gehört habe, bist du dieser Tage schuldenhalber auf dem Handelsgerichte verhaftet gewesen, und wie es scheint, hast du dir dies so zu Herzen gezogen, daß du nahe daran bist, den Verstand zu verlieren. Unter andern Torheiten, die du, wie ich höre, begangen hast und noch begehst, sollst du auch behaupten, daß du nicht mehr Matteo seiest und durchaus ein anderer sein willst, ein Holzarbeiter, welchen man den Dicken heißt. Du bist sehr zu tadeln, daß du um einer kleinen Widerwärtigkeit willen einem so großen Schmerz in deinem Herzen Raum gibst, der dich in den Verdacht bringt, du seiest nicht recht bei dir, und der dich, was dir nicht eben zur Ehre gereicht, durch deine Hartnäckigkeit in diesem Punkte zum Gespött der Menschen macht. Um sechs Gulden? Ist denn das so etwas Arges? Und noch überdies wenn sie bezahlt sind! Lieber Matteo«, sagte der Priester, ihm die Hand drückend, »ich wünschte in Wahrheit, du ließest davon ab, und bitte dich, daß du mir zu Liebe das Versprechen tuest, von diesem Augenblicke an diese Narrheit aufzugeben und wieder an deine Geschäfte zu gehen, wie es einem rechtschaffenen Mann geziemt und wie alle andern Leute tun. Du würdest damit diesen deinen Brüdern große Freude bereiten und jedem, der es gut mit euch meint, und mir selber. Ist denn dieser Dicke ein so großer Meister oder ist er so reich, daß du lieber er sein willst, als du? Welchen Vorteil siehst du denn dabei, daß du dies tust? Vorausgesetzt auch, jener sei ein würdiger Mann und er sei reicher als du (während er doch nach dem, was mir die Deinigen sagen, eher unter dir steht), so wirst du doch dadurch, daß du sagst, du seiest er, darum nicht seinen Wert noch seinen Reichtum erlangen. Erführe die Welt, daß du von Sinnen gewesen bist, selbst wenn du nachher zum besten Verstande von der Welt wieder gelangtest, und was du auch tun möchtest, man würde doch immer sagen, du seiest verrückt gewesen und du wärest ein verlorener Mensch. Kurz, sorge, daß du ein Mensch bist und kein Vieh, und laß alle diese Possen schwinden! darum bitte ich dich inständig. Was Dicker oder nicht Dicker! Mach es nach meiner Weise! Ich rate dir zu deinem Besten.«

Dabei schaute er ihm recht freundlich ins Gesicht. Als der Dicke ihn so liebreich reden gehört und die passenden Worte erwogen hatte, die er zu ihm gesprochen, zweifelte er nicht mehr daran, daß er Matteo sei, und antwortete ohne Bedenken, er sei bereit, in betreff dessen, was er von ihm verlange, sein Möglichstes zu tun, indem er wohl einsehe, daß alle seine Reden nur auf sein Bestes abzwecken. Er versprach ihm, von nun an sich alle Mühe zu geben, daß er nicht mehr auf den Gedanken komme, ein anderer zu sein als er selbst, nämlich Matteo. Aber er bitte ihn nur um eine einzige Gunst, wenn sie gewährt werden könne, nämlich er möchte nur ein einziges Mal mit jenem Dicken sprechen, um sich vollkommen zu überzeugen. Hierauf erwiderte der Priester: »Dies würde sich gar schlecht mit deinem Nutzen vertragen. Ich sehe wohl, daß du die Grillen noch immer im Kopfe hast. Was brauchst du überhaupt mit dem Dicken zu reden? Was hast du mit ihm zu schaffen? Je mehr du darüber sprichst, je mehr Leuten du diese Sache entdeckst, desto schlimmer ist es für dich und desto mehr schadet es dir.«

Und in diesem Tone sprach er dem Dicken so lange zu, bis er sich endlich zufrieden gab und von dem Wunsche, mit ihm zu sprechen, abstand. Darauf ging er weg von ihm, erzählte den Brüdern, was er getan und gesprochen habe und was Matteo ihm zugesagt. Darauf verabschiedete er sich von ihnen und kehrte in die Kirche zurück. Einer der Brüder drückte ihm einen Silbergroschen in die Hand, um die Sache noch glaubhafter zu machen, und dankte ihm für seine Mühe. Mittlerweile, während der Priester den Dicken vornahm, war Filippo di Ser Brunellesco heimlich herbeigeschlichen und hatte sich unter unendlichem Gelächter in einem entfernten Zimmer von einem der Brüder alles wiedererzählen lassen, wie der Dicke aus dem Gefängnis gebracht worden war, was sie ihm unterwegs gesagt hatten und so fort. Er hatte in einen großen Becher ein Getränk gegossen und sprach zu einem der beiden Brüder: »Macht, daß Ihr ihm unter dem Nachtessen dies zu trinken gebt, entweder im Wein oder wie Ihr am liebsten wollt, ohne daß er es merkt. Es ist ein Schlaftrunk, auf den er so fest einschlafen muß, daß er es ein paar Stunden lang nicht fühlen würde, und wenn man ihn prügelte. Gegen 5 Uhr will ich dann wieder nachsehen und wir besorgen dann das übrige.«

Die Brüder kehrten in die Stube zum Dicken zurück und setzten sich mit ihm ans Essen, als es schon 3 Uhr vorüber war. Während sie so bei Tisch saßen, brachten sie ihm den Schlaftrunk so geschickt bei, daß er gar nichts davon merkte. Als sie abgespeist hatten und ein wenig am Feuer saßen, begann die Arznei so kräftig zu wirken, daß der Dicke mit aller Mühe die Augen nicht mehr offenhalten konnte vor schwerem Schlafe, der ihn bewältigte. Die andern sagten zu ihm: »Matteo, du scheinst ja vor Müdigkeit umzufallen. Du hast wohl heute Nacht wenig geschlafen.«

Das hatten sie getroffen.

»Ich versichere euch«, erwiderte hierauf der Dicke, »daß ich mein Leben lang nicht so schläfrig gewesen bin. Es könnte nicht ärger sein, wenn ich einen Monat lang nicht geschlafen hätte. Ich will mich daher zu Bett legen.«

Er fing an, sich auszukleiden, hatte aber kaum noch Kraft, die Schuhe abzuziehen und sich auf das Bett zu werfen, so war er schon fest eingeschlafen und schnarchte wie ein Schwein. Zur festgesetzten Stunde kehrte Filippo di Ser Brunellesco mit sechs seiner Gefährten zurück und trat in die Kammer, wo jener lag. Da sie bemerkten, daß er fest schlief, so nahmen sie ihn und legten ihn mit allen seinen Kleidern auf eine Tragbahre und trugen ihn nach seinem Hause, welches ganz leer stand, weil seine Mutter zufällig noch nicht vom Lande zurückgekehrt war. Sie trugen ihn an das Bett, legten ihn hinein und warfen seine Kleider an denselben Platz hin, wo er sie selbst hinzutun gewohnt war; doch ihn selbst kehrten sie mit dem Kopfe dahin, wohin er sonst die Füße zu legen pflegte. Als dies geschehen war, nahmen sie die Schlüssel zu seiner Bude, welche an einem Haken in seiner Schlafkammer hingen, machten sie auf, traten hinein und legten alle seine eisernen Werkzeuge an einen andern Ort, als wo sie bisher lagen. Alle Eisen an den Hobeln rissen sie aus dem Gestell und drehten die Schneide gegen oben und das Dicke nach unten. Ebenso machten sie es mit allen Hämmern und mit den Äxten, und in der ganzen Bude verwirrten sie alles auf eine Art, daß es schien, es haben hunderttausend Teufel darin ihr Wesen getrieben. Endlich schlossen sie den Laden wieder ab, trugen die Schlüssel in das Zimmer des Dicken zurück, schlossen auch dort die Tür und gingen sodann jeder nach Hause, um zu schlafen. Der Dicke, betäubt von dem Trank, schlief die ganze Nacht über, ohne je zur Besinnung zu kommen. Des andern Morgens aber, um die Zeit des Avemaria in Santa Maria del Fiore, hatte der Trank seine Wirkung vollendet, der Dicke erwachte, als es schon Tag war, und als er die Glocke erkannte und die Augen aufschlug, erkannte er bei der durch ein Zugloch einfallenden Helle, daß er in seinem eigenen Hause war, und als er sich aller frühern Ereignisse erinnerte, überfiel ihn das größte Erstaunen. Er erinnerte sich, wo er am vorigen Abend zu Bett gegangen war und wo er sich damals befand, und mit einemmal war er von Zweifeln bestürmt, ob er das alles geträumt habe oder ob er jetzt träume. Bald schien ihm das eine wahr zu sein, bald das andere, und nach einem recht aus Herzensgrund hervorgeholten Seufzer rief er: »Gott steh mir bei!«

Er sprang aus dem Bett, kleidete sich an, nahm die Schlüssel der Bude auf und rannte dahin. Als er aufgeschlossen hatte, sah er die ganze Werkstätte in Verwirrung, alle Eisen verkehrt und von ihrem Platz entfernt, worüber er nicht wenig sich verwunderte. Doch räumte er allmählich auf und rückte die Gegenstände wieder zurecht. Da kamen auf einmal die zwei Brüder Matteos und als sie ihn so beschäftigt fanden, sagte einer von ihnen, gerade wie wenn sie ihn nicht kennten: »Guten Tag, Meister!«

Der Dicke drehte sich nach ihnen um und als er sie erkannte, verfärbte er sich ein wenig, sagte aber dennoch: »Guten Tag und gutes Jahr! Was führt euch her?«

Einer von beiden sprach: »Ich will es dir sagen. Wir haben einen Bruder namens Matteo; dieser wurde vor einigen Tagen verhaftet und ist aus Kummer darüber halb von Sinnen gekommen. So sagt er unter anderm, er sei nicht mehr Matteo, sondern der Meister dieser Bude, welchen man, wie es scheint, den Dicken heißt. Wir haben ihn nun sehr ermahnt und ihm auch gestern Abend von dem Priester unserer Pfarre zusprechen lassen, welcher ein sehr braver Mann ist. Dem hatte er versprochen, sich diese Narrheit aus dem Sinn zu schlagen, so daß er auch mit dem besten Appetit zu Nacht speiste und in unserer Gegenwart zu Bett ging. Diesen Morgen aber hat er sich; ohne daß es jemand merkte, davongeschlichen, wir wissen nicht, wohin. Deshalb sind wir hierhergekommen, um zu sehen, ob er wohl dagewesen ist oder ob du uns nichts von ihm zu sagen weißt.«

Dem Dicken schwindelte es bei diesen Reden. Er erwiderte: »Ich verstehe nicht, was ihr sagt, und begreife nichts von euren Possen. Matteo ist nicht hierhergekommen, und wenn er sich für mich ausgibt, begeht er eine große Schurkerei. Bei meiner Seele, treffe ich einmal mit ihm zusammen, so will ich meine Lust an ihm büßen und will doch sehen, ob ich er bin oder er ich ist. Was zum Teufel ist das für ein Spuk die zwei Tage her!«

Mit diesen Worten ergriff er voll Zorn seinen Mantel, zog die Tür des Ladens hinter sich zu, ließ jene stehen und lief unter heftigen Drohungen gegen Santa Maria del Fiore zu. Die Brüder machten sich hinweg und der Dicke trat in die Kirche, wo er auf- und niederschritt, wie ein Löwe aussehend, so wütend war er über diese Geschichte. Unterdessen kam ein Handwerksgenosse von ihm eben dahin, der mit ihm bei dem Meister Pellegrino in Terma das Schreinerhandwerk erlernt hatte. Dieser junge Mann war schon vor mehreren Jahren ausgewandert und nach Ungarn gezogen und es war ihm dort sehr gut ergangen durch die Unterstützung eines andern Florentiners, des Filippo Scolari, welcher sich lo Spano nannte und welcher damals Generalkapitän des Heers von Sigismund, dem Sohn König Karls von Böhmen, war. Dieser Spano nahm alle Florentiner gut auf, welche sich durch Kenntnisse oder Geschicklichkeit irgend auszeichneten, da er ein sehr wackerer Mann war und seine Landsleute ganz besonders liebte, wie er denn auch von ihnen geliebt zu werden verdiente, da er sich gegen so viele wohltätig erwies. Um diese Zeit nun war jener nach Florenz gekommen, um sich zu erkundigen, ob er nicht von dort einen Meister seines Handwerks mitnehmen könne, weil er so viele Arbeiten übernommen hatte. Schon mehrmals hatte er mit dem Dicken davon gesprochen und ihn gebeten, mit ihm zu ziehen, wobei er ihm in Aussicht stellte, wie sie in wenigen Jahren reich werden könnten. Als er ihm hier wieder begegnete, sagte der Dicke: »Du hast mir schon mehrmals zugeredet, mit dir nach Ungarn zu ziehen, und ich habe es dir immer abgeschlagen. Jetzt habe ich um eines sonderbaren Unfalls willen und wegen einiger Mißhelligkeiten mit meiner Mutter den Entschluß gefaßt, mit dir zu ziehen, wenn du mich anders noch haben willst. Wenn es dir recht ist, so will ich morgen früh schon abreisen, denn bliebe ich noch länger, so könnte wieder etwas dazwischenkommen.«

Der junge Mann sagte zu ihm, es werde ihm sehr lieb sein, doch könne er morgen nicht schon abreisen, da er sonst noch Geschäfte habe; er könne aber ja morgen früh gehen, wenn er wolle, und ihn in Bologna erwarten, wo er auch in wenig Tagen eintreffen werde. Der Dicke war damit zufrieden und so wurden sie eins. Der Dicke ging daher in den Laden zurück, nahm viele von seinen Werkzeugen und einige Kleinigkeiten, die er fortbringen konnte, sowie einiges Geld, das er hatte. Als dies geschehen war, ging er nach Borgo San Lorenzo, mietete ein Pferd nach Bologna, stieg am folgenden Morgen auf und nahm seinen Weg dorthin, nachdem er einen an seine Mutter überschriebenen Brief zurückgelassen hatte, worin es hieß, sie möge alles, was im Laden zurückgeblieben sei, als Geschenk behalten; er gehe nach Ungarn; sie solle verkaufen, was sie finde. Auf diese Art schied der Dicke von Florenz, erwartete in Bologna seinen Gefährten und reiste mit ihm nach Ungarn, wo ihre Geschäfte so gut vonstatten gingen, daß sie in wenigen Jahren durch die Gunst des genannten Spano nach ihren Verhältnissen reich wurden. Spano machte ihn zum Kriegswerkmeister und er führte den Namen Meister Manetto von Florenz. Der Dicke kam später mehrmals nach Florenz und als ihn Filippo di Ser Brunellesco um seine Auswanderung befragte, erzählte er ihm in bester Ordnung diese Geschichte und gab sie als Grund seines Weggehens von Florenz an.

NACHWORT DES HERAUSGEBERS

Die sechzehn Erzählungen dieses Buches stammen aus dem Italien des 14. und 15. Jahrhunderts. In der letzten, dem Schwank vom dicken Tischler, treten mehrere der bekanntesten Florentiner Familien- und Künstlernamen der klassischen Zeit auf.

Die Übersetzungen stammen von Adelbert Keller, sie sind dem ersten Band seines »Italienischen Novellenschatzes« entnommen, der im Jahre 1851 erschien. Ganz wenige kleine Kürzungen stammen vom Herausgeber.

Es würden in dieses Buch auch einige der Novellen des Boccaccio gehören, um seinen Plan und Sinn ganz rund zu machen. Doch schien mir der Verzicht darauf ratsam, da jeder Bücherfreund wohl einen Boccaccio besitzt, während die hier gegebenen Novellen zum größten Teil heutigen Lesern noch kaum bekannt sein dürften.

Hermann Hesse

INHALT